大展好書　好書大展
品嘗好書　冠群可期

大展好書　好書大展

品嘗好書　冠群可期

武術特輯
86

楊式太極拳詮釋

〈練習篇〉

王志遠　編著

大展出版社有限公司

王志遠先生，浙江省寧波市人，畢業於浙江大學，現任高級工程師。

志遠先生早年習武，師承傅鍾文、沈壽、趙安洲等宗師。他生而穎悟，體格清健，且又性情怡和，沉靜穩重，追隨諸恩師左右，殫精竭慮，認眞研習太極等內家拳術，數十載如一日，故深得恩師的厚愛器重，親授眞傳，成爲嫡傳楊式太極拳之衣缽傳人。

他爲弘揚發展太極拳事業，幾十年來未敢懈怠，在傅鍾文老師和沈壽老師倡導之下，於1983年創立了寧波永年太極拳社，爲該社的主要創始人之一。隨之又倡導了香港永年太極拳社，現擔任寧波永年太極拳社社長及香港永年太極拳社永遠名譽會長之職。

志遠先生敏思勤學，博採衆長。他注重理論的學習，在勤修太極拳術之同時，博覽拳論、拳史、拳譜，做了大量的拳學理論研究，遍閱名家著論，詳加考評，勘誤釋疑，心勤筆健，發表的論文難計其數。《楊式太極寶典叢書》是一部較爲系統的楊式太極拳著作，係先生積幾十年心血之力作，叢書之三《楊式太極刀》已經由人民體育出版社出版。現在奉獻給行家讀者的是叢書之一《楊式太極拳詮釋——理論篇》，詳盡地論述了楊式太極拳的拳論、拳理和拳術。叢書之四《楊式太極劍》、叢書之五《楊式太極杆（槍）和戟》、叢書之六《太極推手及散手》及《太極拳譜校注詮釋》，都將陸續出版，以饗讀者。

註:《楊式太極刀》大展出版社於 2003 年 8 月出版中文繁體字彩色版，歡迎洽購。

我的拳藝生涯裏，曾有過很多領我進門的老師，其中主要有沈壽、趙安洲、傅鍾文等。有的已仙逝，有的已隱居，有的已住進了百歲院。每當我想起他們嚴格的、有時甚至是嚴酷的教育訓練，而又如父兄般待我，崇敬與感激之情油然而生，常常爲之而熱淚盈眶。我今天的點滴太極拳知識和功夫，無不是他們辛勤教育的結果。

他們常常教誨我，堅持勤、恒、禮、誠，故我能耐得寂寞、耐得淡泊、耐得辛苦，幾十年如一日，風雨無阻，晨昏無間，堅持每日工餘苦練四個小時以上的太極拳，贏得了「拳癡」和「綿王」的稱號。

他們又告誡我，不要早爲師，不要早出書，不要早成名，以免誤人誤己。但由於當時太極拳不及如今之普及，師資力量缺乏，加上老師年事漸高及健康等原因，我早已爲「人之患」（「人之患，在患爲人師」），代師授藝了，學生遍及世界各地。出書則在老師「你也應該寫一些體會了」及把「楊家傳世太極拳整理出來」的囑託下，在人民體育出版社的鼓勵下，以及廣大拳友的支持下，才醞釀撰寫《楊式太極寶典叢書》。該叢書分爲太極拳理論篇、太極拳練習篇、太極劍、太極刀、太極槍（杆）、太極推手及散手、太極拳譜校注詮釋，以及楊家太極五代名人略傳。

此書雖係我撰寫，但實際上我僅僅是站在諸老師的肩膀上，將他們平時辛勤教育的內容，作一次整理和總結，其間也有我的一些體會和理解，而毛病和錯誤往往出在「體會和理解」之中，誠請行家裏手多多指出其中的誤謬，則在我的拳藝生涯中又增加了良師益友，幸甚。

此書在社會各界，特別是香港永年太極拳社和寧波永年太極拳社的關懷下出版，其中拳友林宏、李沛鏜、江錦、陳佩銘、李沛豪、佘偉文、劉與科、林逸慧、梁日明所作貢獻尤甚，謹此表示深深的感謝。

王志遠
於香港

註：《楊式太極拳》一書完稿，準備作序。剛好有拳友係季老學生，贈我《季羡林散文》以「共同體味季先生散文中的眞情、眞思和眞美！」其中「遙遠的懷念」一文，甚合我心境，遂借用一二句作序，以增光輝。

編者的話

王志遠先生牢記師父教誨，堅持「勤、恒、禮誠」，耐得寂寞，耐得淡泊，耐得辛苦，幾十載如一日，追隨諸恩師左右，鍥而不捨，殫精竭慮認眞鑽研太極拳術。

先生在勤修太極拳術的同時，又十分注重拳學理論的研究，學而不厭，師古而化，博採衆長，凡名家著論，羅致殆盡，詳加考評，勘誤釋疑，以科學的治學精神鑽研太極拳，故深得諸恩師器重，精心親授眞傳。一身備五功，拳、劍、刀、杆（槍）、推手及散手無所不精。

現志遠先生，將諸恩師精心親授、辛勤教育的內容作了一次系統的整理和總結。《楊式太極拳詮釋》一書曾七易其稿，付梓之前出版社及作者又作了精心刪節和潤改，可見對「寶典」之細心呵護。所以該書是先生諸恩師傳世楊家太極拳精奧之再現，及先生本人幾十年悉心實踐體悟的結晶，是迄今楊式太極拳著作中較爲完整、系統、內容豐富的著作之一。

作者在《楊式太極拳詮釋——理論篇》中對「太極拳經義」及「拳法旨要」等楊式太極拳的理論作了精

到的論述。

本《楊式太極拳詮釋--練習篇》的闡述，也是與衆不同。每式以「七言四句」開頭，提綱挈領，使太極拳的修練者，對每式的經義旨要一目了然，譜訣均經仔細斟酌、反覆推敲，並經過多年的教學實踐驗證。在常規的「動作過程」技術要領「用法」之後，增添了「注釋說明」的內容，對每式的名稱來源、出處、體用以及流傳過程中的訛誤，均詳加考證、說明、評述和辨異，即使是常規的「動作過程」「技術要領」和「用法」也力求中規正矩。其間可以領略作者諸恩師的「正宗之傳」和「精心之授」，亦可體會作者長期躬承衣鉢，追隨諸恩師從事太極拳學的心得。不失爲一本雅俗共賞的楊式太極拳經典著作。

楊式太極拳 85 式動作圖解

一、圖解說明

（一）為了表述清楚，圖像和文字對動作作了分解說明，打拳時應力求連貫銜接。

（二）在文字說明中，除特殊注明外，不論先寫或後寫身體的某一部分，各運動部位都要協調活動，運動有序，不要先後割裂。切記「一動無有不動」之句的要意。

（三）方向轉變以人體為準，標明前、後、左、右。必要時也假設以面向南起勢，注明東、南、西、北。

（四）圖上的線條是表明這一動作到下一動作經過的路線和部位。左手左腳為虛線（┈┈┈→），右手右腳為實線（——→）。個別線條的角度、方向等因受平面圖形的限制，可能不夠詳盡，應以文字說明為準。

（五）某些背向、側向動作，增加了附圖，以便對照。

（六）圖解說明中，圖文不相符之處以文字為準。

二、式名順序

第 一 式 預備勢
第 二 式 起 勢
第 三 式 攬雀尾
第 四 式 單 鞭
第 五 式 提手上勢
第 六 式 白鶴亮翅
第 七 式 左摟膝拗步
第 八 式 手揮琵琶
第 九 式 左右摟膝拗步
第 十 式 手揮琵琶
第十一式 左摟膝拗步
第十二式 進步搬攔捶
第十三式 如封似閉
第十四式 十字手
第十五式 抱虎歸山
第十六式 肘底看捶
第十七式 左右倒攆猴
第十八式 斜飛勢
第十九式 提手上勢
第二十式 白鶴亮翅
第二十一式 左摟膝拗步
第二十二式 海底針
第二十三式 扇通背
第二十四式 轉身撇身捶
第二十五式 進步搬攔捶
第二十六式 上步攬雀尾
第二十七式 單 鞭
第二十八式 雲 手
第二十九式 單 鞭
第三十式 高探馬
第三十一式 左右分腳
第三十二式 轉身蹬腳
第三十三式 左右摟膝拗步
第三十四式 進步栽捶
第三十五式 翻身撇身捶
第三十六式 進步搬攔捶
第三十七式 右蹬腳
第三十八式 左打虎勢
第三十九式 右打虎勢
第四十式 回身右蹬腳
第四十一式 雙峰貫耳
第四十二式 左蹬腳
第四十三式 轉身右蹬腳
第四十四式 進步搬攔捶

三、動作圖解

第一式　預備勢

譜訣：聚精會神守中氣，平心和氣意綿綿；
陰陽合德任自然，動靜未分混沌體。

動作過程

面朝南，自然站立，兩足平行，其距離以肩的寬度為準。兩臂自然分垂兩腿外側，頭正項豎。雙目平視，精神內固，氣沉丹田，澄心自濾，身心無為，氣脈內和，鬆靜自然（圖1）。

圖1

技術要領

1. 虛領頂勁，含胸拔背，沉肩垂肘，鬆腰落胯，尾閭中正。

2. 精神內斂，思想集中，氣息平和，心中無雜念。

3. 體鬆涵虛，身椿端正，立身中正安舒，全身重量平均垂落在兩足上。恭然而立，心靜意定，身靜無為。

注釋說明

預備勢即預備姿勢。較早的太極拳老譜不立這一式名，後有立名為「無極勢」或「太極勢」的，其內容主要包括：

1. 調身鬆體 身體各部位忘情放鬆，調身可擺正身體各部分的姿勢，使各種機能得到平衡，強化各種腺體的分泌作用，從而達到對精神的有效控制。

2. 調息自然 呼吸吐納自然勻暢，調息以駕馭呼吸，使植物神經系統的機能起到有效的調節作用，增加肺活量，使血液中的含氧量增加，促進胃腸的蠕動，改善消化吸收的功能，同時提高全身各器官系統的機能。

3. 調神入靜 思想寧靜，擯除雜念，物我兩忘。調神是控制人的意識活動，使身體內部的器官臣服自己的意志和身體免出起因於機體紊亂的多種疾病。

調身、調息和調神三者相因互果，而入靜為三者之關鍵。太極修練者，在「無極勢」的靜態下做好演拳前的準備，其目的在於使演練者避免突然進入太極的行功狀態，而出現精神上一時難以集中、心神不寧和心猿意馬等現象。收勢也以「無極勢」結束，就不至於草草收功，影響鍛鍊的效果。「無極勢」的加盟克服了始亂終棄的弊病，從而使太極拳的鍛鍊收到事半功倍的效果。

王宗岳《太極拳論》說：「太極者，無極而生，動靜之機，陰陽之母也。」概括地說明了太極拳的全部功夫不外乎「無極」和「太極」。

「無極」也者，天地未分，混沌一體，無形無象，無始無終，無相對絕對之可言，無始終對待之可名。

就太極修練者來說，從肉體到精神都處於「體無動靜虛實陰陽之分、神無物我方圓時空之感」的靜止狀態之中，而這種靜止既非死定，亦非空定，而是運動處於平衡狀態的一種表現形式，這就是拳諺所說的「抱元守一」。抱者懷依也，元者根本也，自抱寓合，靜為其本，動為其萌。即是說，「無極」未分動靜而孕育著動靜，「無極」未分陰陽而孕育著陰陽。說明了「無極」的靜功孕育了「太極」的行功。而太極拳行拳走架必須從「百骸鬆弛、節節貫穿」和精神內斂的「無極」靜功狀態，經過意識能動作用，澄心自濾，消除一切緊張狀態並激勵頹廢情緒，才能進入「太極」的行功狀態，最終又回歸抱元守一的「無極」狀態。

「無極」的基本要求是：

真氣內收，神不外馳，精不妄傷，心無旁騖，氣不輕浮，陰陽合德，真相不露，百骸鬆弛，節節貫穿。因此，必須用意識在體內進行檢察，即由所謂「內視」「內聽」或「觀自在」的方式使人體從頭到腳都各安其位和節節鬆弛。特別是脊柱，它作為人體的中軸支柱，上承顱骨，構成顱腔；前懸臟器，中附前後肋骨，構成胸腔；下連髖骨，構成腹腔和骨盆的後壁；又通過鎖骨、肩胛骨與上肢相繫，通過髖骨和下肢相連。所以「無極」狀態的預備勢必須以脊柱為中軸支柱，將全身構架安排得當。頭頂襠落，直脊垂臀，沉肩垂肘，鬆腰落胯，使身體端莊中正，體鬆含虛，意含空洞，外形靜若處子，內氣動如靈獅，外示安逸，內固精神。為進入「太極」的行功狀態做好精神和肢體的充分準備，並貫穿整個行功過程。

正如陳鑫所說，「無極者，一物未有也。太初以上，渾噩穆穆，混混沌沌，所謂大混沌者，即此時也。學者上場打拳，端然恭立，合目息氣，兩手下垂，身樁端正，兩足併齊。心中一物無所著，一念無所思。穆穆皇皇，渾然如大混沌無極景象，故其形無可名，名之曰『無極，象形也』」。所論甚是。然渾噩非僅限無極之預備勢，太極拳功深日久，身法、神氣無有不和。靜穆沉渾，鬆和圓融，剛柔互運，虛實滲透，動靜渾然，太極即周身，周身皆太極。

「無極」即預備勢，多有主張舌尖輕抵上腭、舌尖輕輕上捲或舌舔上腭的，意念牛郎（舌頭）織女（小舌頭）鵲橋（上腭骨）相會，以期溝通任督兩脈，分泌大量唾液，吞嚥入腹達到溫養之效，這是一個不得師承真傳之誤會。其實太極之修為原以鬆靜為體，柔圓為用，道法自然，何須先做舌尖微捲輕抵上腭之舉。如舌尖人為渲染上抵，勉強上捲，勢必導致舌根因用力而不能鬆然，舌根一緊，咽喉便處於緊張狀態，氣脈關竅自然因緊張而閉塞，從而引發整個身心的緊張。則陽氣何以下？血脈何以暢舒？陰陽何以互濟？氣機何以浩蕩？何來涓涓玉泉水？育我度長年。

正確的方法只須口齒輕合，舌身放鬆，自然平臥即可。待太極修練至心意和調、經絡疏通、血脈暢舒、氣血融通、內氣盈足、臟腑平衡吐納有序和陰陽貫通和合互濟時，由於陰氣陽氣相引相吸而觸發「鵲橋飛架」，即自發地吸引舌頭上抵甚至上貼腭骨。待太極行功收勢，其氣自下，舌頭回復原狀，一切自然而然。

舌抵上腭不在太極行拳的初始，而在行功的過程，因人而宜、因人而易，要看各人的修為和造化。神氣合而津液滋生，修練多年、功底深厚的太極拳家，預備勢一開始陰陽兩氣即可貫融，而致舌抵上腭，通其鵲橋，任督飛渡。故其著作預備勢亦有舌抵上腭之說，不足為怪。太極修練者不能不辨訛誤，明其所以。

為了更好地練好無極勢，錄《無極歌》以供參考。

無極歌

無形無象無紛拿，一片神行至道誇。
參透虛實根蒂固，混混沌沌樂無涯。

第二式　起　勢

譜訣：雙手起落神氣爽，
周身鬆沉意注掌；
勁貫四梢氣騰然，
守靜待動應急緩。

圖2

動作過程

1. 兩臂徐徐向前平舉，兩掌至肩等高同寬，肘微屈沉，手指自然微張，掌心朝下（圖2）。

2. 兩肩鬆沉，兩肘微屈

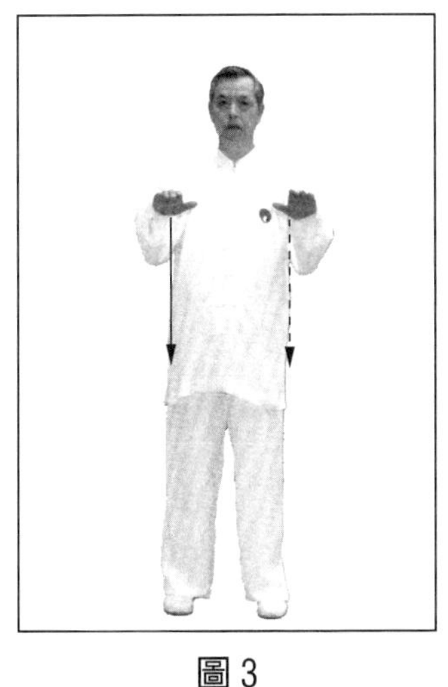

圖3

圖4

垂，兩腕微坐，兩掌心微斜向裏，手背微斜向外，以肘領腕往下按，隨下隨往裏收，故兩掌下按勢略成倒錐形（圖3）。

3. 沉肩屈肘，下按至兩胯側前方坐腕，掌根位於身旁正中線略前（圖4）。

技術要領

1. 在預備勢完全合乎「無極」要求後再做起勢。

2. 先在心而後在身，臂起以手領臂，臂落以肘領手，不要平行起落，起則微擴，落則略收。起落均須以意運臂，而意由根而起，根在腳，由腳而腿而腰而脊而手總須完整一氣，精、氣、神、意、勁融合貫通。

3. 兩臂肩、肘、腕「三節」要節節鬆開，做到肩沉、肘垂、腕坐，即俗說的「三垂」，因沉、垂、坐皆寓「垂」之意義；又要做到節節貫穿，以肩帶肘，以肘帶手。

4. 兩臂含有掤意，雙掌按有勁意。掌要含虛，手指微屈張，大拇指圓張成八字瓦楞掌，或稱荷葉掌，或稱美人掌。

5. 精神內固，氣沉丹田，動作自然，免起僵勁。手臂輕靈圓活，但又極為柔軟沉重，不能飄浮。

6. 掌握好肘不貼肋和肘不離肋的辯證關係。

7. 兩腿不可屈膝下蹲，這是楊式太極之特點。但腿、腰、胯、膝各關節仍須鬆開，隨掌起而微微拔長，隨掌落而微鬆沉。

用　法

守我之靜，待彼之動。靜中寓動，動中處靜，靜也肅穆，莫可撼移；動也靈妙，莫可推測。人不知我，我獨知人。

注釋說明

起勢是拳術套路開始動作，有的稱之為太極起勢或太極出手。古代拳術通常直接以第一拳為起勢，俗稱為開門勢或初勢，人們可以憑此勢判斷辨別哪一門派的套路，而不另列起勢名目。當今太極拳凡另立起勢名目的，一般只是守靜待動的起始動作，而不是具體的技擊動作。

正宗的楊式太極拳起勢的特別之處是兩腿不蹲不屈，垂下之雙臂徐徐弧形向前上平舉，與肩等高同寬，這也是一種掤手，象徵乾卦自下而上，陽氣上升，積極向上，向前推進，寓一動無有不動之意。

有拳家注釋起勢用法為：敵在我後以兩手分握我兩前臂近腕處，我兩手向前平舉，敵握必解；或設敵於我前雙手向我攻擊（握或推我前臂近腕處），我腕部以鬆勁接住，以掤勁前舉，卸其直推之力，或以指骨拋擊其肘旁軟骨，或以指插其腋窩等。

楊澄甫先師《體用全書》無此解，近代太極名家傅鍾文無此解，太極拳專家沈壽先生無此解，楊澄甫哲嗣守中（振銘）、振基等均無此解，楊澄甫的華南弟子曾昭然（如柏）博士則在《太極拳全書》中明確指出，此類似是而非解釋「非也」（見《太極拳全書》第 87 頁）。

第三式　攬雀尾

譜訣：掤捋擠按攬雀尾，沾黏連隨敵難近；
　　　引進落空合即出，牽動四兩撥千斤。

動作過程一——掤

1.左　掤

（1）右足尖外撇約 45°，重心漸移至右足，右腿屈膝微蹲，身體右轉約 45°，左腿屈膝提起。同時，兩手俯掌隨體轉右擺，右手經右腹前向上、向右、向外至右胸前，再由胸前向裏磨轉一小圈，肘沉垂略低於腕；左手隨前臂外旋漸成仰掌，經腹前下抄至右掌下，兩臂弧形環合。眼隨體轉平移視左臂前方（圖 5）。

圖5

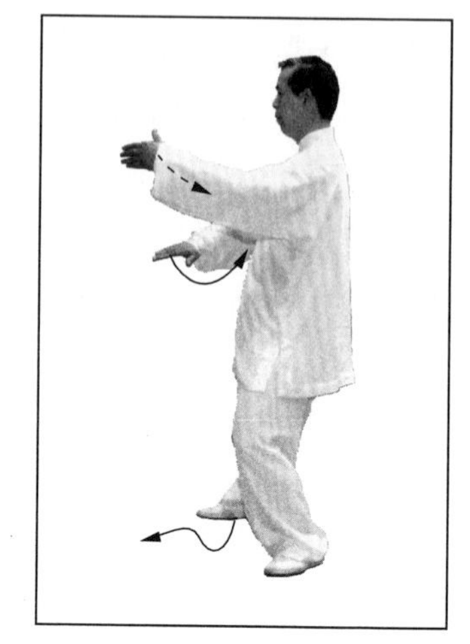

圖6

（2）右腿下蹲坐實，身體微左轉，左胯根鬆沉，左腳向正前方（向南）邁出一步，足跟著地，隨著右腿蹬、左腿弓，重心漸前移，左足尖裏扣約45°，身體漸右轉成左弓步坐實。同時，左前臂向左上弧形掤出，左掌略斜仰，高與肩平，腕略內屈；右掌向前、向右弧形下採至右胯前，略高於胯，坐腕俯掌、手指朝前。眼向前（西方）平視而顧及兩掌（圖6）。

2.右　掤

（1）身體稍左轉，左胯稍內收，重心漸移於左腿；右足隨勢弧形向前提起。同時，左臂內旋，左肘向後微撤沉，帶引左掌至左胸前，坐腕豎掌，掌心朝前；右臂外旋，向左弧形抄至腹前，掌心朝裏斜上方，兩臂弧環相合。眼神先略顧及左臂後撤，後漸盼右臂，終轉向前（西南）平視（圖7）。

圖7

（2）身體微右轉至面向西，右足向前邁出，腳跟著地，隨之重心右移，成右弓步。同時，右臂向前上掤出，掌心朝裏稍仰，肘沉垂，略低於腕；左掌掌心朝外，襯於右腕關節下，隨右臂向前推出（左右手腕的距離是手臂腕肘間的距離，即相當於尺骨長度）。眼向前平視，眼神顧及右前臂前掤（圖8、9）。

圖8

圖9

技術要領

1. 此勢之左掤為單手掤，勁點在左前臂橈骨近腕處，右手是開勁，勁點在右腕側的腕根處，即左手以掤為主，暗含挒勁，右手採用「採」勢；此勢之右掤為雙手掤，即右手掤向前，勁點在右臂橈骨側的腕部，左手輔以襯勁，符合「一手莫單行」原則。但無論左掤或右掤，都要求肩鬆沉，肩關節不可前探，手臂切莫過於前掤，手臂既極為輕靈圓活，又極為柔軟沉重，兩臂如鬆非鬆、剛柔內含和如棉裹鐵，如堅韌的強弓或藤條那樣富有彈性和韌性。練久後懂得虛實轉換、剛柔互運，領會沾黏連隨，掤勁的品質也就提高了。

2. 《十八在訣》（見大展出版社出版沈壽點校考釋之《太極拳譜》一九九頁）說「掤在兩臂」。《十三字行功訣》說「掤手兩臂要圓撐」。此勢之左掤，是左臂挒掤，右手先襯後隨轉腰為採，襯時右手垂直於左手前臂，好似起支撐作用的加強勁，此時兩前臂已成直角，起最大支撐作用，而非起楔之切入作用，所以弓步一定要到位。

此勢之右掤，要重視坐腕。前臂外旋，掌心翻轉稍仰，內勁巡遊前臂橈骨，氣斂入骨，剛柔內含，蓄勁於筋，張弓待發，相連不斷，此為實而含虛；後手稍俯，手腕與前手腕的距離等於前臂腕與肘的距離，與前臂形成等腰三角形，虛襯於前臂，伺機而變，虛待實至。楔入圓掤，勁營體內，力奮骸外，腰腿助攻，受者莫不應聲跌出。

3. 此處之掤法，轉腰向前、向上，前臂橫出，用的是橫勁，故不能只動手，不動腰腿。掌腕肘和肩背腰胯膝腳，上下九節勁，節節腰中發，內勁的運轉通過腰脊帶動四肢，勁起腳根。這就是《十三勢說略》（見《太極拳譜》五十五頁）說的「其根在腳，發於腿，主宰於腰，形於手指，由腳而腿、而腰，總須完整一氣」。

4. 向前邁步要躡足而行，舉止輕靈，虛實分明，重心移向左腳，左實右虛，移向右腿，右實左虛。而虛非為空，動勢仍綿綿；所謂實，亦不是過勁，虛則實之，實則虛之，實中虛而守本，虛中實以致用。

5. 行拳時，邁步的步距完全取決於實腳下蹲的程度，弓步時，前弓腿的膝尖垂線前不過足尖，後以垂直足跟為度，前弓的大腿以水平為極限，不能塌落，後蹬腿不可僵直，膝關節保持一定的鬆度。此外，還須做到腳掌掌緣不掀，才能符合拳論「無使有缺陷處，無使有凹凸處」，做到勁起於腳根，發於腿。

6. 要立身中正，左掤時上體不能左倒，右掤時上體不能前傾。

用　法

1. 左　掤

（1）由前勢，敵以左手擊我胸部，我將右足向右側分開坐實，隨之左足前跨一步，同時以我左腕沾黏敵肘腕之間，用橫勁向前、向上掤去，右手襯勁，以助其勢。敵之力為我牽動，其他部位亦自然不穩。

（2）敵以右手擊我胸腹中路，我將右足向右側分開坐實，隨之左足前跨，套敵前腳，為其抽身撤步設下障礙，以右手順採接敵之右腕，使其來勁落空，以我左前臂沾黏敵之上臂或胸脇等部，乘其來勁落空向後抽身之間，乘勢借力發勁，以橫勁掤挒。

2.右　掤

由前勢，我處左掤位置（面向西），敵以左手擊我肋部，我即收右腿向右前踏出，屈膝坐實，左腳變虛，身體同時右轉，兩臂稍成弧形楔角支撐之勢，不採不挒，似巨輪劈水破浪般向右前楔入圓掤而出，摧枯拉朽，氣勢如虹，威力無窮。

左掤和右掤的用法大致相似，惟左掤為單手掤，即單掤，右手起襯勁支撐或採勁作用；而右掤為雙手掤，即雙掤。在實際的競技中可以互用。

以上兩法，一採守勢而守中有攻，一採攻勢而攻中有守。至於其他變法，只要符合掤法的基本要求，根據隨機應變、靈活運用的原則是可以不依成規的。拳諺說「常法有跡可尋，變法神妙莫測」，就是這個道理。

動作過程二——捋

1.以腰帶動，身體稍向右複向左轉，重心漸移向左腿。同時，左臂外旋翻腕，掌心斜朝裏上；右臂微前伸，隨即內旋翻腕，掌心斜朝外下，兩掌隨翻隨向左捋（圖 10）。

2.腰繼續微向左轉，重心移向左腿坐實，成右虛步。

圖10

圖11

同時，兩臂稍沉肘，隨腰胯之勁向左捋回，左掌略橫落於左胸前，右掌坐腕稍豎落於右胸前，略高於左掌，相距尺骨之距離。眼神捋始關及右臂，捋終關及左手，然後漸轉向前（西偏南）平視（圖11）。

技術要領

1. 捋的兩手間距與推手實用時的捋式相吻合。捋手的前手應用尺骨，勁點在前臂尺骨近腕處；後手使掤勁，應用腕骨，勁點在前臂外側。捋化時兩手距離保持不變，並與腰腿的動作相協調，做到兩膊相繫，上下相隨。

2. 捋勢須圓活柔順，順勢而取，輕重快慢操縱得宜。捋化時，身體始終要正直轉體，不可前俯後仰或搖晃，不滯不疾，不先不後，上下相隨，太快、太慢都會造成腰手脫節。

3. 捋化時必須坐腰落胯，做到肩胯、肘膝、手足相合，側身閃賺柔化，身法要圓潤和順，步法要穩固厚重。

4. 捋的方向，由於坐實左腿，看起來似有向下捋之趨向，其實這是虛象，正確的動作應該是，利用外掤誘出對方之力，然後利用轉腰閃賺勢，弧形捋進再向左側捋去，使之「引進落空」。

5. 兩臂隨轉腰左捋，兩掌不能偏離過開，兩臂不可脫肘，應使腋窩保持適度懸空，通常在兩腋留有一拳寬的空隙。以後整套動作大致皆應遵循這一技術規範。

6. 要重視坐腕，行拳走架要鬆柔靈活。手腕若軟弱無力，內勁就不易貫注到手指，即勁不能到四梢，既影響手臂部的掤勁增加，又影響整體的內勁積累，因此必然影響掤、捋、擠、按等法有效運用和解脫對方施用採、拿、封等手法時的效果。

用　法

接前勢，敵以雙手按來，或以左手擊我肋部，我迅即將右臂肘腕間的側面，沾黏住敵之左上臂，側仰我左腕，以腕背黏彼之腕背臂上，向內、向我左胸外側捋來，則彼之根力拔起，身亦隨之傾斜矣。

動作過程三——擠

身體微右轉，重心漸前移。弓右腿，蹬左腿，成右弓步。同時，右臂外旋，垂肘屈舉橫於胸前，掌心朝裏；左

圖 12

圖 13

臂內旋，掌心朝外，手指略斜朝上，附於右前臂內側向前擠出，左掌根隨擠漸貼近右腕脈門。眼向前平視，眼神顧及右臂（圖 12～14）。

圖 14

技術要領

1. 前擠時臂要略成橫形、沉肩垂肘，而動作仍須中正圓滿。

2. 初擠時，腰胯應向右微轉，擠出時身向正前方，尾閭中正神貫頂，肩胯相合，圓襠斂臀，立身中正安舒。

3. 擠的勁點在右前臂橈骨一側，初擠時，左手目標肘凹，隨轉腰勢，慢慢弧形沿著右前臂，自肘凹擠至腕部，擠出時左掌應虛貼右腕脈門。

4. 行拳走架，務須養成手到足到、上下相隨和立身中正的良好習慣。要避免手快足慢，或腿已弓到位而手還在擠，或身體傾斜、兩肩歪斜，或上身過出等立身不正的現象。

5. 擠出時兩臂要中正圓滿，既不可過於靠近胸部，又不可過於挺伸，應做到齊胸擠出，平直向前，方向要正，勁力要整，以肘不過膝為度。

用　法

接前勢，我之捋勁如為對方察覺，則彼之進勁必中斷，而變為他勢或回抽手臂，則我之捋勢失效，此時須反退為進，即弓腿屈右膝踏實右腳，左腿伸直，肩向前伸，伸腰長往，跟隨彼前進，眼神隨之向前，同時右手腕翻出節拿黏貼其肘，左掌根貼在右前臂腕關節脈門，上下相隨，隨勢擠出，則彼於倉猝變化之中，未有不失其機勢而被驀然擠出者。

動作過程四——按

1. 右臂內旋，掌心朝下，左掌經右手背交叉擦過，隨即兩掌分開，距離稍窄於肩，坐腕，兩掌心朝下，兩肘漸屈下沉，帶動兩前臂微外旋及兩掌坐腕回抽，致使左掌心側向右前方，右掌心側向左前方。同時，重心漸後移，坐

圖 15

圖 16

實左腿。眼向前平視，眼神顧及兩掌回抽（圖 15～16）。

2. 兩臂微內旋，使兩掌漸豎向前，由胸前微弧形向上、向前漸漸平正按出。同時，弓右腿，蹬左腿，成右弓步。眼向前平視，眼神顧及兩掌前按（圖 17）。

圖 17

技術要領

1. 在按法之前有一個微向內、向下沉化的動作，然後轉腕向外微弧形向上按出，使發勁專注一方。

2. 雙按時，兩掌距離略窄於肩，以兩手心按對方肘、腕的距離為準。此外，兩掌須立掌，掌心含空，拇指稍後撐，成八字瓦楞掌。

3. 推按時要虛領頂勁，尾閭守中，神貫於頂；立身平準，落胯斂臀，靈通於背；用腰勁帶動全身，做到一動無有不動。

4. 施按手前，兩前臂微外旋，隨身法後坐坐腕後抽回抹。此一過程，上下之弧不宜過大，手臂不宜過分下沉，掌根略高於肘，順勢平直後移。

用　法

接前勢，對方乘勢向我擠來，我即以兩腕由左側黏其手臂，先微沉後用提勁空其真力，迅速以兩掌心接其肘及腕部，用腰勁帶動全身，上下相隨，內外神、意、精、氣、勁合而為一，專注一方，向前逼按，眼神亦隨之向前。

注釋說明

太極拳專家沈壽，在《太極拳法研究》中說：

「攬雀尾，兩手來回往復，像輕柔地撫摩攬拂燕雀的尾羽，故名。陳、吳、孫式作『懶扎衣』，明代戚繼光《拳經》中所編的『三十二勢』，也以『懶扎衣』為第一勢。原意可能是仿真古代拳家與人交手前從容不迫地把長袍的下擺紮入衣帶。『攬雀尾』可能是『懶扎衣』的音轉。但音轉不一定都是由於古代拳師缺少學識，而在口授時以訛傳訛所致，而是由於各拳派在創新發展的過程中，對有關式名作出了一些音近義異的修訂，使之與已改革的拳式更為切合；也有的是純屬潤飾文字，或者為自成一派而標新立異的。」

攬雀尾一式包括掤、捋、擠、按四法，俗稱四正手或四手。是太極拳法中最基本的四法，連同分佈在各拳式中的採、挒、肘、靠四隅，合稱太極八法。八法以四正為常法，以掤為首，以四正為主；以四隅為奇法，即變法，以四隅為輔。

由於太極拳的四正法是技擊上最基礎的方法，所以無論拳架和推手都把它當作基礎功夫來訓練，因而它成了太極拳的總手。由於它的重要性以及它在拳架、推手方面的重要地位，這也就是為什麼把「攬雀尾」式列為起勢及以「攬雀尾」或「抱虎歸山」類如斜攬雀尾的式名重複八次之多出現於套路中的原因所在了。

一些拳術改革者卻因其重複，而將其簡化省略，可見古今拳家對拳路編套和佈局的主導思想不同。明乎此，才能客觀評價兩種不同的編套方法及套路的優劣所在。

歷來的太極拳家都注重「攬雀尾」一勢，有不少專論，現錄主要的如下，以供研習者參考。

打手歌（七言十六句）　　王宗岳

掤捋擠按須認眞，上下相隨人難進。

任他巨力來打我，牽動四兩撥千斤。

引進落空合即出，沾連黏隨不丟頂。

沈壽老師注釋：
掤捋擠按四法必須認眞學習，
周身相隨哟，使人難於侵入。
任憑他用多大力氣來攻打我，
四兩之力哟，足以撥動千斤。
引進落空一經合度立即發放，
切記沾連黏隨哟，不丢不頂。

對待用功法守中土（七言十句）俗名「站樁」
定之方中足有根，先明四正進退身。
掤捋擠按自四手，須費功夫得其眞。
身形腰頂皆可以，沾黏連隨意氣均。
運動知覺來相應，神是君位骨肉臣。
分明火候七十二，天然乃武並乃文。

八要（吳孟俠、吳兆峰編著《太極拳九訣八十一式批註》，1958年人民體育出版社）「五訣」之四
掤要撐，捋要輕，擠要橫，按要攻；
採要實，挒要驚，肘要沖，靠要崩。

《八法歌》（五言十六句）　沈壽
八法須認眞，四正為根本。
一臂莫單行，上下緊相跟。
掤撐圓而沉，捋抱順且韌。
擠排化在先，按推勁要整。

採拿宜拔跟，挒驚務相稱。
肘屈勿輕使，靠崩必貼身。
稱羨雖經年，功夫終難深。
不若朝暮練，日久知屈伸。

此歌訣中「一臂莫單行，上下緊相跟」句，實即「兩膊相繫，上下相隨」的另一種說法，兩者義無不同。戚繼光《拳經・捷要篇》說：「上下周全，無有不勝。」這也足以證明，古今拳術對這基本要求歷來是分外重視的。

攬雀尾一勢包括掤、捋、擠、按四法，是楊式太極拳中的基本四法，稱為「四正」法，「四正」為常法，是技擊的基礎，所以，無論拳架和推手都把它當作基礎功夫來訓練，因而成了太極拳的總手，而在拳架中反覆出現，現列表如下（表1）。

表1　攬雀尾勢之重複

序號	勢序	前接勢名稱	勢序	該劫名稱	勢序	後接勢名稱
1	2	起　勢	3	攬雀尾	4	單　鞭
2	14	十字手	15	抱虎歸山	16	肘底看捶
3	25	進步搬攔捶	26	上步攬雀尾	27	單　鞭
4	46	十字手	47	抱虎歸山	48	斜單鞭
5	49	野馬分鬃	50	攬雀尾	51	單　鞭
6	52	玉女穿梭	53	攬雀尾	54	單　鞭
7	67	進步搬攔捶	68	攬雀尾	69	單　鞭
8	74	進步指襠捶	75	上步攬雀尾	76	單　鞭

註：類如攬雀尾勢之「抱虎歸山」有拳家視作「斜攬雀尾」。故連同攬雀尾勢，共計出現八次，占整個套路的十分之一餘。

第四式　單　鞭

譜訣：跨馬揚鞭稱單鞭，抹勾拂拴逼胸前；
　　　旋腕一鞭勁齊整，實腳轉扣是眞理。

動作過程

1. 重心仍在右腿，身體左轉約135°（向東南）。右腿以腳跟為軸，足尖微翹，隨勢以實腳碾轉，足尖內扣約135°踏實。同時，兩肘稍屈沉，兩手隨轉體漸漸俯掌向左抹轉半個平面橢圓至東南，兩掌與肩等高。眼隨轉體向前平視，眼到手到，眼神顧及右掌（圖18）。

2. 身體右轉約70°（向西南），隨轉體兩掌平倒抹，經胸前向右斜前方抹轉半個平面橢圓至西南偏南，高與肩平。眼隨轉體平視，眼神顧及右掌（圖19）。

3. 重心全部落在右腿，左腿提起，左足弧形稍靠裏收，足尖自然下垂。同時，隨身體稍右轉，右臂漸向右斜方（西南）伸展，五指尖下垂撮攏成吊手（勾手）；左臂稍前伸，左掌心朝裏，手指近右手腕部，隨身體微左轉，左臂外旋，左掌經右胸漸移至與口齊。眼隨轉體向前平視，眼神顧及左手展出（圖20）。

圖18

4. 身體繼續左轉。左腳隨勢向左（東）邁出，足跟先著地，隨重心左移而至全腳踏實，右腿蹬，左腿弓，成左弓步。同時，右吊手仍鬆肩右伸；左掌拂面後內旋，掌心朝前略斜向前揮出。眼隨左掌平視左前方（圖 21、22）。

圖 19

圖 20

圖 21

圖 22

技術要領

1. 當兩肘稍屈沉，隨腰胯向左轉體抹手時，右足尖微翹，以足跟為軸碾轉，右足尖內扣要充分，重心不能有轉換，仍須在右腳，俗稱實腿碾轉。因為實腿（腳）碾轉，負擔重，多練會增強腿部的力量，從而增強體質和增加內勁。

2. 兩臂圓抹，要主宰於腰，以腰帶動。不僅四肢要隨腰轉動，而且自頭至踵與眼神，都須隨腰轉動。兩手抹圈要放平，虛實轉換要鬆柔圓活，做到兩膊相繫、手眼相隨，該鬆則鬆、該緊就緊，剛柔互運、虛實相變，與轉動之勢相符。

3. 要上領頂勁，中守重心，下把閭舵，頭容端正，線路（脊椎）鬆豎。要做到前手三尖（即指尖、鼻尖、足尖）相照和身體的外三合（即肩與胯合、肘與膝合、手與腳合）；來去往復不可前俯後仰，不可晃蕩起伏；開則俱開而開中有合，合則俱合而合中有開。單鞭成形，兩手遙相感應，上下榫合，前後稱衡，猶如跨馬揚鞭，足具張力，但忌機械硬對，神自然得中即可。

4. 抹圈後，要求左腿提起後隨即向前邁出，不要收回靠近右踝關節後再邁出。

用　法

如對手從我身後擊來，我即將右足翹起，向左轉動坐實，兩手平肩提起，手心向下，隨腰抹轉化去敵之攻勢使其落空，隨即左手揮出，向其胸部逼去，右勾手，下弓步，以衡其勢。上下相隨，手到、眼到、腳到。

注釋說明

單鞭，一手勾手，另一手拂面後向前揮出，下盤弓步，猶如跨馬揚鞭，故名。這是傳統拳術的通用名式，在技法上屬拴法，或稱拴手，因其手法近似拴門或拴馬樁而得名。拴與推、撲等手法有所不同，不可混淆，也不可以推代拴。所以，不能詮釋為將掌心翻轉朝前推出，否則單鞭的動作就容易出錯。

有人誤以為單鞭係據後吊手的形象如「催馬加鞭」而擬名，其實不然。傳統拳術往往將雙手左右分拴稱為雙鞭，以一手分拴作為單鞭。這足以說明單鞭是以前一手的拴法形象為主來擬名。單鞭式之平面抹圈，因兩手隨腰擺動所畫圈之軌跡狀如八卦中之雙魚，故名「八卦魚」，此乃單鞭之前奏，主要起拔根動基、引進落空、化解敵之攻勢的作用。

單鞭之鉤手，一作勾手，又名吊手。鉤手之鉤形為「鷹嘴鉤」，即五指自然撮攏，屈腕鉤尖內扣，手背自然繃緊，鉤手順序為拇、食、中三指撮攏，無名指及小指緊密附著即可。太極拳僅單鞭一勢是鉤，舊稱「捏指」，是歸為指法的，其技擊意義為，防守時以鉤尖鉤開人手，進攻時以鉤背擊人，也可用鉤尖琢人要害。

此式是太極拳最為開展的功架，多多練習為佳。

關於單鞭按後抹轉是虛腿（腳）轉還是實腿（腳）轉的問題，引帶出楊式太極拳是虛腿（腳）轉還是實腿

（腳）轉的長期爭論，甚至楊家門人、傳人亦眾說紛紜，莫衷一是。主張虛腿（腳）轉說者，其主要理由是實腳磨轉法練久會損害膝關節的功能，造成膝關節痛，並說虛腿（腳）轉這種練法是楊家祖傳；而持實腿（腳）轉說者認為，實腿（腳）轉負擔重，多練後可增強腿部力量，從而增強了體質。兩說爭持，因楊澄甫 124 張銅版照片及《體用全書》均無此照此說，似成了無頭公案。筆者就虛實腿（腳）轉說，客觀而慎重地進行了多年的瞭解、考證、研究和實驗，贊成實腿（腳）轉說。

1963 年 3 月人民體育出版社出版了傅鍾文演述、周元龍筆錄、顧留馨審校的《楊式太極拳》一書（繁體字大展出版社出版），此書一出，即引起「十八圖風波」。因為傅鍾文老師平時教學生是實腿（腳）轉的，而且經常強調實腿（腳）轉的好處，而書中 18 圖單鞭按後抹轉，卻畫成了虛腿（腳）轉，傅老師發現問題後，寢食不安，怕此書廣泛發行流傳，誤人子弟，並影響楊家太極拳以至楊澄甫的聲譽，就主動聯繫負責審校的顧留馨，慎重地提出要求更正。然此書因種種原因而不能糾正，成了傅老師的一塊心病。後顧老師在《太極拳術》等著作中，糾正了虛腿（腳）轉的錯誤（見顧留馨著《太極拳術》，上海教育出版社出版，第 115 頁圖 22～26）。

內家拳《拳樁因果訣》說：「拳以樁為根，樁以拳顯神。樁無拳不靈，拳無樁不穩。」內家拳以樁築基，凡經過散手競技的人，無不深刻地體會到，腰腿基礎功夫的優劣，無疑是競技勝負的重要因素。通過站樁使下盤穩固、足膝有勁、氣沉丹田和心靜神清，如是方能在競技運動中氣不躁動，腰腿穩固有力，足膝輕捷靈活，進退操縱得宜，身法中正厚重，藉以達到以靜禦動，克敵制勝的目的。反過來，「樁無拳不靈，樁以拳顯神」，內家拳是由外形動作的開合和內在勁路的虛實、剛柔變化來顯示韻律感。楊家太極拳是廣義的內家拳之一，然而自楊祿禪以下，楊班侯、楊健侯至楊澄甫，乃至傅鍾文，歷代的楊家太極拳傳人都未見傳習樁功。是否楊家太極拳不重視樁功，抑或根本不知道「樁」為何物呢？恰恰相反，楊家太極拳十分重視下盤腰腿基礎功夫的鍛鍊。正是透過靜、鬆、勻、穩、緩、合、連和以腰為軸「實腿（腳）轉」的運動形式科學地解決了太極拳「拳樁合一」的問題。

正如傅（鍾文）沈（壽）兩位老師所說：「太極拳為什麼要慢，為什麼要『實腿（腳）轉』，其中的道理之一就是『寓樁於拳內』，『實腿（腳）轉』就相當於樁。所以太極拳不必再專門設站樁修練項目，沒有必要畫蛇添足。」「拳樁合一」運動訓練方法的出現，隱樁功於拳術內，即拳中有樁，以心行氣，以氣運身，訓練了神經；它又借意念操練拳術，神為主帥，身為驅使，現意念於樁外，即樁中有拳，又鍛鍊了肌肉、筋骨。反覆歷練，能使精、神、意、志、筋、骨、勁、氣得到全面的鍛鍊，以期求得太極拳的特殊力量，即所謂的內勁。

太極拳的慢動作以及實腿（腳）轉這一寓樁於拳、拳樁合一的訓練方法，克服了拳樁分離的弊病，從而找到了一條「大成修練」的科學之路。

從技術上分析，楊澄甫《太極拳體用全書》闡明單鞭主要用法是應身後攻擊法。對方從身後擊來，我即轉身揮出一掌，打擊其胸部。如先後坐，重心移向左腿，右腿虛腿（腳）轉，重心再移到右腿，復移向左腿，同時揮出一掌，如此往復轉移，浪費時間，早已坐失機勢，為敵所乘。拳諺說「機勢並得，服手服腳；機勢皆失，綁手綁腳」，從而造成遲緩失機勢，處處受人制的必然結果。須知應敵制勝，雙方交鋒，兔起鶻落，瞬息萬變，間不容髮，豈容自此延誤戰機。更何況敵從後襲來，我若先後坐，猶如將背脊、後腦等要害部位送給人打，明知不可為而為之，於拳理拳法皆不通。

《各勢白話歌》一文有「雙手推出拉單鞭」「回身拉成單鞭勢」「扭頸回頭拉單鞭」「回頭再拉斜單鞭」「回身又把單鞭拉」「更拉單鞭真巧妙」「轉身復又拉單鞭」「再拉單鞭重下勢」八句。所有關於單鞭的動作都用一個「拉」字，說明單鞭是「拉」出來的。意示前（左）手拂面揮出，後（右）手勾手向右後鉤掛，必須形成對拉之勢，足具張力，才能使左手拴法，發勁有力。

楊家太極拳八十五勢中，一個單鞭就重複「拉」了十次之多，由此可見單鞭在楊家太極拳中的顯著地位。這是由於它的親和性，作為套路中的銜接動作將前後不同的式子自然地銜接起來成為整體。

此外，由於它採用側弓步的基本功架，定勢身型中正安舒，步型穩固，支撐八面，充分體現了太極拳「其根在腳，發於腿，主宰於腰，形於手指，由腳而腿而腰，總須完整一氣」的發勁特點，加上單鞭在技擊上簡單而實用的價值，從而使它在套路中占了較大的比重。因多練此式也是加強基本功架和功力的訓練，所以，套路中的重複動作就顯得十分自然和必要，現列表 2 如下。

表 2　單鞭勢之重複

序號	勢序	前接勢名稱	勢序	該勢名稱	勢序	後接勢名稱
1	3	攬雀尾	4	單　鞭	5	提手上勢
2	26	上步攬雀尾	27	單　鞭	28	雲　手
3	28	雲　手	29	單　鞭	30	高探馬
4	47	抱虎歸山	48	斜單鞭	49	野馬分鬃
5	50	攬雀尾	51	單　鞭	52	玉女穿梭
6	53	攬雀尾	54	單　鞭	55	雲　手
7	55	雲　手	56	單　鞭	57	下　勢
8	68	攬雀尾	69	單　鞭	70	雲　手
9	70	雲　手	71	單　鞭	72	高探馬帶穿掌
10	75	上步攬雀尾	76	單　鞭	77	下　勢

第五式　提手上勢

譜訣：兩膊相繫如蒼龍，心寧膽定靜禦動；
　　合抱提搓貴神速，虛實吞吐畢其功。

動作過程

1. 左胯根內收，左足尖內扣約 45°踏實，坐實左腿；右足變虛。同時，身體漸右轉。右吊手變掌，兩臂沉肩垂肘，微微內合，遙相呼應（圖 23）。

2. 身體略左轉。右腿提起，隨勢偏右落於左腳前一步，腳跟著地，腳掌虛懸，膝微屈弓，成右虛步。同時，兩掌邊外旋邊向胸前合攏搓提，右掌在前，指尖高與眉齊，掌心朝左；左掌在後，指尖高與胸齊，掌心朝右，合對右肘關節。眼神通過右掌平視前方（圖 24、25）。

圖 23

圖 24

圖 25

技術要領

1. 提手上勢兩手往裏向前提合，是為合勁。兩臂須隨腰收合，腳、手的動作須由腰帶動，協調一致。

2. 兩臂隨腰轉搓合時，胸部不可正對前方，上體應稍側身，這樣既可減少受攻擊目標，亦符合含蓄其勢，以應敵之變化的用法要求。

3. 兩掌開始裏合時，右手略下沉，向前時再略向上，左手沉合，虎口對右肘彎，左手指與右臂平，相距為一拳餘，二掌形成左右搓合之勁，擬對應敵之腕、肘膊處。做到兩膊相繫，兩掌有左右隅合之意、前後有搓提之勁，右手尖、鼻尖、右腳尖三尖相照。

4. 定勢，右腳跟著地是虛點地面，腳掌虛懸，腳尖不能翹得太高，尤其注意右膝要微屈弓，不要挺直，做到勁以曲蓄而有餘，以應順敵踩蹬我之膝部。

5. 提起右腳後不要靠近左足內踝再向前，而是提起即弧形向前，兩足不可在一條直線上。

用　法

接前勢，敵自右側擊來，我即將身體由左向右側回轉，左足裏扣。體復左轉，右足隨勢提起向前進步，腳跟著地，腳掌虛懸，坐實左腿，同時兩手互相往裏提合，接敵腕和肘膊處，含蓄在胸，兩膊相繫，接入彼勁，息心體認，以待彼動。因敵變化，敵若進身，我則採捋，敵若抽身，我則向前上搓提擠出或橫挒其肘。

注釋說明

所謂提手上勢的「提手」是一種著法，手即法之義。提手即為提法，是太極拳掤捋擠按、採挒肘靠、抹勾拂撥、開合提擔等九十六法中的重要著法之一。其用法猶如兩手合抱地向上提起，狀如提物，故名。

提手上勢的定勢與手揮琵琶似同，而左右方向相反，但就技擊勁別的實質內容而言，則差異甚大。本勢用的主要勁別是合勁、提勁和搓勁；而手揮琵琶勢用的主要勁別是纏繞勁、穿化勁以及採挒、剪托之勁。勁別的不同決定了其技法及中途動作的不同。

有的拳家未作深究，不明所以，把提手上勢看作虛回含化而否定它的提搓合勁，更有把它視作右手揮琵琶或右手揮琵琶的組合，這是不應有的錯誤。兩者之所以冠以不同的名稱，是由於兩式從動作形式到技擊勁別的內容都有較大的區別，否則按一名可矣。

但從其相似的定勢來看，兩者都類同於松溪征南派《內家八樁》之「龍樁」，兩手側掌，一長一短，一前一後，一伸一屈，置於身側左或右的同一側，前後遙遙相對，互相呼應，兩眼透過長手的食指極目凝視，眼與長手的食指尖等高。此式即為古代拳術中最常用的以靜禦動的格鬥勢，一名「長短手」。

在防守上含有靜觀待變、以靜伺機和長以衛短、短以救長以及以進為退、以退為進的意義。這裏的靜是一種自然的靜態或靜象，而不是一種「死靜」和「死寂」，即靜中觸動動猶靜。要求神志清逸，頭腦冷靜，善待機勢。靜中要寓預動之勢，守中須寓攻擊之意。勁營體內，力奮骸外。前手主守、主掩護，後手主攻、主突擊。換言之，短手隨時可以乘隙而進擊。《沈子拳法》方略篇中說的「急著前去，補手相承；隱著埋伏，出奇制勝」形象地描述了其作用和意義。如果要說提手上勢與手揮琵琶有什麼共同點的話，或許就是這一點。

第六式　白鶴亮翅

譜訣：舒臂提踵似鶴棲，著意隨心肱貫氣；
　　　上分下展任自然，信步攻防驚天地。

動作過程

1. 左胯根微內收，腰身左轉，右膝提起，右足略帶弧形向內鉤回。同時，左肘向後撤，左臂隨勢內旋，掌心朝下；右手外旋，隨轉體向下、向左畫弧，置於左手下側，掌心朝上。眼神稍顧左肘後撤，即轉向前平視（圖26）。

圖26

2. 右腳前邁落下，腳跟著地，腰胯漸左轉，右腳尖隨勢以腳跟為軸內扣約45°踏實，重心漸移至右腿，下蹲坐實。同時，右臂上提至胸前，左掌附於右前臂裏側，向前

（肩）靠（前臂）。眼神先於右臂靠擠前視，隨即移視右掌（面向東）（圖27）。

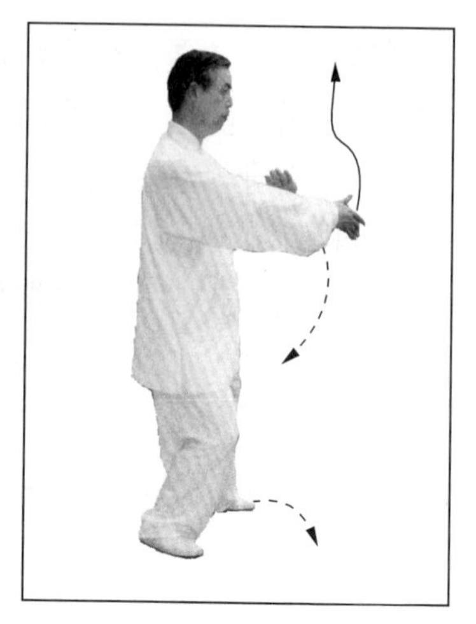
圖27

3. 身體微左轉，左腳稍提起，落於右腳左前，腳尖虛點地，左膝稍屈弓，成左虛步。同時，右掌向前上提，隨提隨內旋，掌心朝外，垂肩、沉肘、坐腕，手指斜朝上，護於右額前；左掌弧形下落於左胯旁，掌心朝下，指尖朝前。眼稍關及右掌上提，隨即向前平視，但眼神仍要顧及兩掌（圖28、附圖28）。

圖28

附圖28

技術要領

1.動作應該有朝上之氣勢，但右腿仍要下坐。關鍵在於意有向上伸展的感覺，而不能人為地使身體往上，造成架子升高。上頂勁虛領，精神提起，以挈其綱領；下拔腰裹臀提襠，尾閭斂垂，以豎其線路。這是因為百會虛頂，會陰斂垂，二點成一直線。上虛頂，感到頭頂處有一股勁往上拔；下斂垂，小腹處感到有一股勁往下沉，肢體好像被無形的兩股勁對拉拔長，即可避免前俯後仰，使通體準直，外形上舒展安逸，精神上虛靈自然，符合立身中正安舒的要求。

2.定勢時的步法為左虛步，其形式如後坐步，惟前腳略縮回，足踵提起離地，而足尖則輕輕著地要虛。後腿落胯坐實，然重心不可過於偏側於右腿而造成凸臀或夾襠。胯根鬆開圓撐，襠提胯落，尾閭收正，斂臀坐齊腳跟，使下盤穩固而靈動。

3.定勢時兩臂要成弧形，不可挺直，右手上提分格，不可寒肩揚肘，而要沉肩、垂肘、坐腕，右掌自然斜向上，不要橫掌；左手下按分摟，既要肘不離肋，又要肘不貼肋，腋下留有一拳空隙。要兩手有分意，又要兩膊相繫。以免氣血不通，勁路不暢，造成上不能勁由脊發，貫於指梢；下不能虛胸盈腹，氣沉丹田。

4.兩手上下分開，右手基本呈直線上提，上提至頭前後逐漸翻掌提格，而不是由右往裏插，右掌與前臂成斜勢，才能起到分格的作用。

5. 要做好含胸拔背，不要凹胸，也不要腆胸。

用　法

接前勢，如敵從我身體左側，用雙手擊來，我速收右腳再前跨，身體左轉，展分兩手，右手直線向上提掤格截，左手向下分摟採按，敵的兩手之力，即分散不整。我足本虛勢，亦可向其下部飛踢。

如敵以十字腿，左拳右腿上下齊發。我亦依勢而用，以右手上提分掤其左前臂，左手向下分摟捋其足，則攻勢自消，如我右手復向下採，左手翻揚挽扳其左足，腰右轉，施以力偶，則敵必傾跌。

注釋說明

白鶴亮翅式，右臂上揚亮掌，左臂下落按掌，右腿坐實，左腳虛點。舒臂提踵猶如白鶴亮翅，故名。沈壽《太極拳體用全訣》中「白鶴亮翅擠靠分，懸頂坐身寸腿踢」句，形象簡明地說明了白鶴亮翅式的體用要求。即架勢的基本要求是懸頂坐身，基本的技法是擠靠分踢，主要的勁法是分勁，而又不拘泥於此，要隨機應變。攻防時，一臂上提擠靠架格，或掤或截，另一臂下按分摟，或採或捋，以稱其力，以衡其身。一足雖提踵虛點，而提踵踮足之勁輸於兩臂，另一腿雖坐實，而意含周身氣血川流，通體無滯。精神團聚，含胸拔背，勁貫兩膊，意注四梢，心手雙暢，舒展安適，猶如白鶴展翅，信步夕陽。

預備勢和本式都強調了含胸拔背。而有拳家在眉批楊澄甫《太極拳體用全書》時說：「老論中無含胸拔背之說。」又在書信中說：「含胸拔背這句話，老論上沒有。這是形意拳、八卦掌上的規矩。因為陳微明早先跟孫祿堂練過一段時間的形意拳，後來才跟楊老師學太極拳。陳著的太極拳書上，有太極拳十要，把老論上的一些話，反正地說了一些，又添了這句含胸拔背……從此就成了練太極拳的規矩了。其實，不是那回事……對這句話不要過分地強調，如強調了，就脫離了自然……」

在他看來「含胸拔背」等「此皆鄭曼青（替楊澄甫撰寫《太極拳體用全書》時）學拳未久，不懂拳意，自己想造出來」或「陳微明先跟孫祿堂練過一段時間的形意拳，後來才跟楊老師學太極拳」的緣故。此說紕繆，何以同是「世稱永嘉五絕」的鄭曼青，在其藝技大成、名重天下、技藝名聲均遠在某些拳家之上時，仍在其著作《鄭子太極拳十三篇》及《鄭子太極拳自修新法》中強調「含胸拔背」，指出「含胸者，不可挺胸，又不可陷胸，必要鬆胸，方為合法；拔背匪易言也，是為氣通三關之候也」。以鄭曼青自己的話作注腳，「此書繼楊澄甫所著《太極拳體用全書》而作，蓋一本其遺訓。」

被鄭曼青稱為「君子儒也，決不阿其好以成其惡」的陳微明先生，1925 年將楊澄甫口授內容筆之於書，徵得澄甫先師同意，同年由上海中華書局出版《太極拳術》一書，並一再強調是代澄甫先生筆述成書的。

1931 年文光印務館出版楊澄甫著《太極拳使用法》和 1934 年 2 月上海大東書局出版楊澄甫著《太極拳體用全

書》中都無例外地強調了「含胸拔背」。

這些著作是由董英傑、陳微明、鄭曼青等代筆成書的，能否忠實於楊老師的原意呢？記得很多年以前，在武林的一些渠道裏就傳出以上一些意見。筆者就此請教了最瞭解楊家太極拳情況的傅鍾文老師和沈壽老師。

沈壽老師說：「很難想像在尊師重道的時代裏出版楊老師署名的，而又不符合署名者本意的文章和書刊。」

傅鍾文老師說：「這些書都是楊老師健在時出版的，雖是陳微明、鄭曼青等代為筆述成書，但以楊老師口授內容為基礎，是楊老師過了目的、首肯的，當時亦未見有何異議。為什麼當時不說，現在說三道四，冒出這樣那樣的說法？楊老師何以假手陳微明先生及『習拳未久』的鄭曼青代筆著述太極拳著作，不僅僅是因為他們學識程度高，而是他們能尊師重道，不自以為是。」

由此可見這些著作都是忠實於楊澄甫本意的。

此外，在楊澄甫弟子董英傑之著作《太極拳釋義》（1948 年版）、九歲追隨楊澄甫並與其朝夕相伴直至其逝世的傅鍾文之著作《楊式太極拳》（1963 年人民體育出版社出版、繁體字大展出版社出版）和《楊式太極拳教法練法》（1989 年同濟大學出版社出版）、楊澄甫晚年於粵南所授弟子曾昭然之著作《太極拳全書》、楊澄甫哲裔楊振基之著作《楊澄甫式太極拳》中，以及楊公後裔守中和弟子牛春明、崔毅士等都無例外地堅持「含胸拔背」。可見「含胸拔背」並非因鄭曼青習拳未久或陳微明因先練過形意拳，而臆造或套用所致，而是楊家太極不折不扣的真傳。

第七式　左摟膝拗步

譜訣：拗步摟推皆憑腰，意長勁整是眞經；
　　　　跌打兼施須下勢，受用全賴苦與勤。

動作過程

1. 上體微右轉，右胯根微收。同時，沉肩垂肘，自然帶動右掌外旋，使掌心向內，自面前弧形下落，經胸前鳩尾穴至右胯側，掌心漸翻朝上；左掌隨轉腰自左胯側向前、向上弧形右移至上腹中脘穴前，掌心朝下。眼隨轉腰向前平視，眼神顧及右掌下落（圖 29、30）。

2. 左腳提起，腳尖自然下垂，上體繼續右轉。同時，右掌弧形向右斜角上提，掌高齊肩，掌心斜朝上；左掌繼

圖 29

圖 30

續弧形向右落於右胸前，掌心朝下。眼神稍關顧左掌隨即移視右掌（圖 31）。

圖 31

3. 左腳向前偏左邁步，腳跟輕著地，身體左轉，左腳全掌落地，弓左腿，蹬右腿，成左弓步。同時，隨轉體勢左掌向下、向前經左膝上弧形摟至左胯旁，掌心朝下，指尖朝前；右掌內旋，經右耳向前推出，沉肘坐腕，掌緣在前，掌指上揚，掌心稍斜朝左前方。眼關及左掌摟手經膝上即向前平視，關顧右掌前推（圖 32、33）。

圖 32

圖33

技術要領

1.摟膝拗步的右閃左轉，要尾閭正中神貫頂，滿身輕利頂頭懸。尾閭之於人，猶如舵之於船舶，舵不掌穩，船則晃蕩。尾閭不正中，則會產生臀部外凸，或臀部時而前順、時而後擨，或扭來扭去現象。這樣常常不是造成了點頭哈腰、前俯後仰，破壞了立身中正，就是扭臀，狀如游魚擺尾，致使發勁無定向，放勁失平衡及勁力不能專注一方。

2.演練時既要留意一動無有不動、一靜無有不靜，又要注意動中處靜、靜中寓動。整體動作要協調、圓滿、柔和，不得有氣相、呆象、任何遲澀、滯頓和棱角的現象。左腳提起與右掌弧形向右斜角上提相一致，身體左轉，變弓步要與右掌推出相一致。定勢時手（兩手）、眼、身、法、步要隨心意而同時到位，即手足相隨腰腿整。鬆腰前進，帶動四肢百骸合成一股整勁，意到氣到勁到，專注一方，打擊敵手。

3.摟膝拗步要做好摟膝推掌，要從膝上摟過，充分運用腰和肘部的力量，不能光是用手摟，否則摟不開對方的手或腳的攻擊。摟膝要以腰帶肘、以肘帶腕和坐腕平掌。擊出的單手推按，要沉肩垂肘，坐腕側立掌，經耳旁微微旋轉向前推出，這樣可避免露脇、散亂，符合技擊要求。推按之手還要注意齊肩，而不能齊胸中線，因為摟膝拗步主要是利用力偶的原理，化後而將人跌仆。實際使用時，當然也可推按胸線，但這是變法，且易為人化解引進落空，常法定式只能如此。右手向前推擊和左摟手要隨腰運作，同時到達和發勁，這樣身體各部就不會各自為政，而是合成整勁，充分發揮力偶的作用。

4. 左腳提起，不要裏收靠近右足內踝關節，而是直接弧形向前伸出。前邁時，身體不可前俯後仰，右腿要坐實，左腿先提大腿，蓄勁於膝，帶起腳跟，足尖自然下垂，由屈而伸，緩緩踏出，足跟先輕著地，然後足掌、足尖次第落地，全足掌踏實。左弓步兩足的橫距略小於肩，不可疊步。

用　法

接前勢，如對方從我左側用手或足擊我中、下二路，我左手轉上至右胸前，向左往下摟開，右手推按對方左肩，形成力偶，意長勁整，揚長以往，將對方跌仆，或推按其胸，將其擊出。

注釋說明

拳式中一手摟過膝前，稱為「摟膝」，用於防守對方攻擊我中、下路。凡左足在前而出右手者，或右足在前而出左手以為攻防者，皆謂之「拗步」。反之，若上、下肢同一側均在前則為「順式」，其步法也就稱為「順步」。但這一說法僅指走架行拳的拳式，如由二人搭手合成之順、拗步式，則又當別論。「順步」和「拗步」均為太極拳的基本步法，尤其是「拗步」更有支撐八面的作用。

李亦畬傳抄的《各勢白話歌》中有「摟膝拗步往前

打」句，沈壽老師《太極拳體用全訣》中有「摟膝拗步摟手打」句，可見摟膝拗步式的主要作用是利用力偶的摔法和推擊對手胸部等部位的擊法的合成，是跌打兼施的拳勢。此式的作用頗多，敵進擊的手足都可用左手摟去、右手進擊。進擊之手，原皆用掌，但用拳亦無不可，須視情勢如何而定。

《各勢白話歌》中又有「摟膝拗步重下勢」及「摟膝拗步須下勢」句，這兩句的意思是一致的，都是提醒此式必須注重下盤，突出下沉的氣勢，透過坐腰落胯和圓襠斂臀等措施，也就是透過蹲坐姿勢，保持兩腿虛實分明、端正身法、氣沉丹田和虛胸實腹，取得支撐八面、穩固厚重的「底盤」，才能充分發揮摟膝拗步跌打兼施的作用。

拳諺說：「自立不穩，如何發人；下盤不靈，何來虛靈？」豈止摟膝拗步一式要「重下勢」及「須下勢」，太極拳式式都應如此，只不過摟膝拗步勢是楊式太極拳的「經典拳勢」而已（表 3）。

表 3　摟膝拗步式之重複

序號	勢序	前接勢名稱	勢序	該勢名稱	勢序	後接勢名稱
1	6	白鶴亮翅	7	左摟膝拗步	8	手揮琵琶
2	8	手揮琵琶	9	左右摟膝拗步	10	手揮琵琶
3	10	手揮琵琶	11	左摟膝拗步	12	進步搬攔捶
4	20	白鶴亮翅	21	左摟膝拗步	22	海底針
5	32	轉身蹬腳	33	左右摟膝拗步	34	進步栽捶
6	62	白鶴亮翅	63	左摟膝拗步	64	海底針

註：摟膝拗步是楊式太極拳的「經典拳勢」，有經驗的拳師僅憑此一勢，就可知習拳者功夫深淺及所犯之毛病，所以修練者都十分重視此勢。在套路中僅按式序就重複六次之多，加上左右的複式，則有九次，由此可見對此勢的重視程度。

第八式　手揮琵琶

譜訣：懷抱琵琶護中節，靜待機勢用採挒；
穿纏沾化借他力，信手揮取敵膽裂。

動作過程

1. 身體正直微前移，重心全部移於左腿，右腳略提起微向前墊步（基本上仍於原地）踏實，重心漸全部移於右腿，胯根內收，身體漸右轉約45°，左腳略提，微向前（基本上於原地落下）以腳跟輕著地，腳尖微翹，膝微屈弓，成左虛步。同時，左掌外旋，畫弧上舉，掌心朝右，掌指斜朝上，食指高與眉齊；右掌外旋，弧形縮回於左肘凹處，稍裹旋，掌心朝左，掌指斜朝上，拇指高與肘齊。定勢左掌在前，右掌在後，相距約一前臂之長，左右掌成合抱勢，稍向右側身，胸口斜對前方，兩肘都略屈下墜，如懷抱琵琶揮弦狀。眼通過左掌向前平視（圖34、35）。

技術要領

1. 由摟膝拗步過渡到手揮琵琶勢時，身體重心前後置換要立身中正、肩與胯合，不可前俯後仰和起伏過大，兩腿虛實要分明，重心轉換都要一腿支撐，坐實坐穩，另一

圖 34

圖 35

腿方可提起墊步踏實或提起前邁，這樣才能輕靈，不會雙重。

2. 兩手的動作都要以腰為軸，做到沉肩、垂肘、坐腕，並隨腰的轉勢，右手回縮後撤要以肩帶肘，以肘帶腕，以腕帶掌指；而左手上舉要以肩催肘，以肘催腕，以腕催掌指。做到勁起於腳跟、變換在胸，運動在兩肩、主宰於腰，上於兩膊相繫，下於兩胯、兩腿相隨，勁由內換。上下九節勁，節節貫串，勿令絲毫間斷。兩肩始終要平齊，兩手合攏時略收回後再向前裹合，兩掌參差前後呼應，要有前伸揮擊之象和纏繞穿化之意。動而短，而勁猶長；神而聚，而意猶遠。

3. 兩臂隨腰向前收合，出手一長一短、一前一後、一伸一屈，三尖相照，前後呼應。胸口不可正對前方，身體稍側轉，胸含內吞，以縮小受攻擊面，亦符合含蓄其勢，以應敵之變化，而不失其寬綽進退之勢。步型前虛後實，虛實分明，不大不小便於進退，以符合側入豎擊、步趨身擁的技擊原則。

4. 本勢寓意以我臂兩腕，貼彼臂腕和肘膊，右掌內旋方有採意，左掌外旋才有捌意。內則一心，外則一身，動靜在心，分合在形，蓄我之勢，靜觀其變。

用　法

接前勢，敵用右手擊我胸部，我即含胸，屈右膝坐實，左腳略提，以足跟輕著地，膝微屈弓，成左虛步，套住彼前腳。右掌同時往後收合，穿繞黏貼彼右腕；左掌外旋，沾化黏貼彼肘膊。兩膊相繫，接入彼勁，定心靜氣，穩定重心，蓄我之勢，靜觀其變，以伺機勢，進行左捌右採，動作猶如懷抱琵琶揮弦狀。

注釋說明

「手揮琵琶」勢顧名思義，拳勢係仿真取名，側身虛步，兩膊相繫，前後手參差成合抱之勢，如懷抱琵琶，後手指斜向上，置前手肘凹處，護中節，恰似揮撥琴弦，故名。正如吳文翰先生所說：手揮琵琶勢，不說「抱」而說「揮」，真是畫龍點睛。當我縛敵一臂，擎引放鬆，伺機擒縱，猶如琵琶國手，斜抱琵琶素指輕揮一曲《十面埋伏》，外示安逸，內隱殺機。

《全體大用訣》中說：「手揮琵琶穿化精」，沈壽

《太極拳體用全訣》說：「手揮琵琶主採挒，穿繞沾化借他力」，都明確地說明「手揮琵琶」勢採用的主要勁別是纏繞勁、穿化勁和採挒剪托之勁。再從拳勢採用不大不小、前虛後實的虛步步型來看，本勢是蓄勢待變、以守為主及守中有攻的拳勢。《全體大用訣》又說「回身提手把著封」，沈壽《太極拳體用全訣》又說「提手上勢合著封，敵若抽身進身擠」，說明了「提手上勢」是以「封」為主，也是蓄勢待變、以守為主、守中有攻的拳勢。這是它們的共同之處，加上二式具有相似的身法、步型和步法，都屬於內家八樁中的「龍樁」，稍加變化，即可互變，但互變並不說明可以等同和混淆。這是因為二式的勁別及實質內容有較大差異。上文「提手上勢」式中已有說明，可見二式具有對立統一的特點。

第九式　左右摟膝拗步

譜訣： 亦套亦插摟手打，虛實在腰連環擊；
勁起腳跟莫軟步，相連不斷齊身逼。

動作過程

（一）左摟膝拗步

1. 腰微右轉，右胯根微收。同時，沉肩、垂肘帶動右掌外旋，弧形下落至右胯旁，掌心漸翻朝上；左掌隨轉腰內旋，自前向裏、向下經右胸向腹前弧形下落，掌心朝下。眼隨轉腰向前平視，眼神顧及右掌下落（圖36）。

圖 36

圖 37

2. 左腳提起，腳尖自然下垂，身體繼續微右轉。同時，右掌弧形向右斜角上提，掌高齊肩，掌心斜朝上；左掌弧形向右落於胸前（手指略過中線），掌心朝下。眼看右掌稍關顧左掌（圖 37）。

3. 左腳向前偏左邁步，腳跟輕著地，隨腰左轉，左腳全掌著地，弓左腿，蹬右腿，成左弓步。同時，隨轉體勢左掌向下、向前經左膝前弧形摟至左胯旁，掌心朝下，指尖朝前；右掌內旋，經右耳向前推出，沉肘坐腕，掌緣在前，掌指上揚，掌心稍斜左前方。眼關及左掌摟經膝上即向前平視，關顧右掌前推（圖 38、39）。

（二）右摟膝拗步

1. 身體漸左轉，以左腳跟為軸，足尖外撇 45°。同

圖 38

圖 39

時，隨轉體勢左掌外旋、沉肘，弧形向左後移，掌心朝上；右掌微外旋、沉肘，向左、向裏弧形捋轉，掌心朝左，繼而右掌內旋下移，掌心朝下，高與胸齊。眼神隨轉體勢向前平視，關顧左掌（圖40）。

2. 重心全部落於左腿，右腳向前提起，腳尖自然下垂，身體繼續左轉。同時，左掌弧形向左斜角上提，掌指高與眉齊，掌心朝右；右掌繼續向左

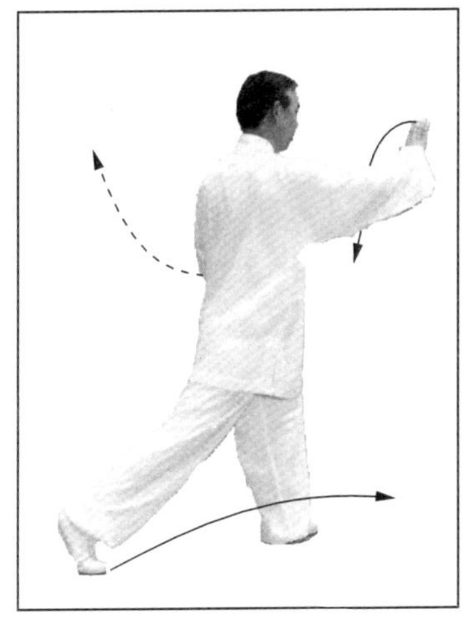
圖 40

下落於右腹前。眼神稍關顧左掌即移視右掌（圖 41）。

3. 右腳向前偏右邁步，腳跟輕著地，身體右轉，右腳全掌落地，弓右腿，蹬左腿，成右弓步。同時，隨轉體勢右掌向下、向前經右膝上弧形摟至右胯旁，掌心朝下，指尖朝前；左掌內旋，經左耳向前推出，沉肘坐腕，掌緣在前，掌指上揚，掌心稍斜右前方。眼關及右掌摟經膝上即向前平視，關顧左掌前推（圖 42、43）。

圖 41

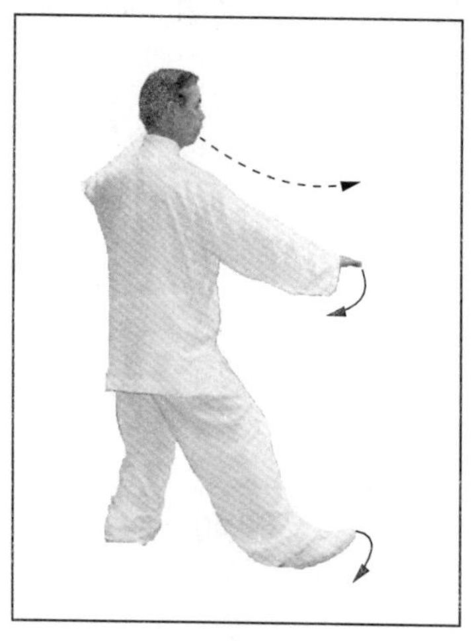

圖 42

圖 43

（三）左摟膝拗步

1. 身體漸右轉，以右腳跟為軸，足尖外撇 45°。同時，隨轉體勢右掌外旋、沉肘，弧形向右後移，掌心朝上；左掌微外旋、沉肘，向右、向裏弧形捋轉，掌心朝左，繼而左掌內旋下移，掌心朝下，高與胸齊。眼神隨轉體勢向前平視，關顧右掌（圖 44）。

2. 重心全部落於右腿，左腳向前提起，腳尖自然下垂，身體繼續右轉。同時，右掌弧形向右斜角上提，掌指高與眉齊，掌心斜朝上；左掌繼續向右下落於胸前（手指略過中線），掌心朝下。眼神稍關顧右掌即移視左掌（圖 45）。

3. 左腳向前偏左邁步，腳跟輕著地，隨腰左轉，左腳

圖 44

圖 45

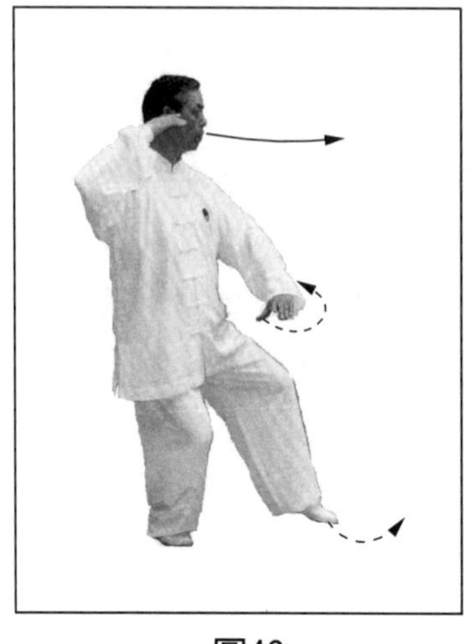

圖46

圖 47

全掌落地，弓左腿，蹬右腿，成左弓步。同時，隨轉體勢左掌向下、向前經左膝上弧形摟至左胯旁，掌心朝下，指尖朝前；右掌內旋，經右耳向前推出，沉肘坐腕，掌緣在前，掌指上揚，掌心稍斜左前方。眼關及左掌摟經膝上即向前平視，關顧右掌前推（圖 46、47）。

技術要領

1. 同前左摟膝拗步要領。

2. 三個摟膝拗步勢，要充分體現滔滔不絕的特點，動作要一個接一個，圓活連貫，輕靈貫串，不要讓絲毫重滯、阻澀、間斷參與式間。「摟膝拗步」勢在技擊上它也是一個連續進攻的式子，要特別注意實腿（腳）轉，不可向後坐、虛腿（腳）轉再前進，因為一後坐即失去連續進攻的機勢，也失去了綿綿不斷、滔滔不絕的特點。同時也多了一個吸的動作，使呼吸與動作不能協調配合，從而破壞了太極拳鬆、靜、穩、勻、緩、合、連的神韻節奏。

3. 人體以頭頂百會穴至襠下會陰穴一線為中心線，即軸心線，身前經印堂、鼻尖、承漿、廉泉、膻中、神闕、氣海的垂線，即身前中線。「左右摟膝拗步」勢，兩手連續連環弧摟推擊，如環無端，但仍須有似停非停的定勢，每一勢都要有起、承、轉、合，一勢既成，處處合住。摟時手指稍越身前中線，形成重疊，使左右手在管住半身的同時，加強中心要害部位的防衛，以免產生「二不管」地帶，造成空檔，受到對手的侵襲。但又須注意，切莫摟越中線太過，免使脇腋暴露。摟手略經胸腹中線及膝上護住胸、脇、腹、襠中、下路已足，而無須摟過膝頭。皆因腿部靈活，自保有餘。

4.「左右摟膝拗步」，交替實腿（腳）轉換上弓步，一手弧摟一手前擊，都要以腰帶動四肢運轉，充分體現主宰於腰和力由脊發、步隨身換的特點。上體的轉動，虛實在腰，次在胸，用左右腰隙交替抽換來分虛實，然而轉動的幅度要適度。轉動不足，兩臂活動受到限制；轉動太過則「散」，也會將背、後腦等要害暴露於敵，易受攻擊。左右腿弓步的轉換，要虛實分明，左虛則右實，而實中有虛；左實而右虛，而虛中有實。實腿極為穩固，而不失靈動；虛腳極至輕靈，而不失厚重。步起步落，輕靈穩健，邁步如貓行。左右弓（箭）步切忌「軟步」。

用　法

如同第七式「左摟膝拗步」，右摟膝拗步則方向相反，三個摟膝拗步連續進攻，相連不斷。

注釋說明

「摟膝拗步」一式在第七式已有說明。拳勢功架舒展簡潔，體勢工整，鬆朗莊偉，空靈圓融，支撐八面而穩固厚重，八面轉換而輕靈圓活，是楊家太極拳跌打兼施的經典拳勢。在整套八十五式楊式太極拳中，有左摟膝拗步四式和左右摟膝拗步二式，總共有九個摟膝拗步單式，加上兩個抱虎歸山的拳勢近似摟膝拗步勢，計有十一個。可見對此勢的重視。

「左右摟膝拗步」三次連環摟打向前進擊，左右方向都有，這對人體的均衡發展及全面活動帶來好處。它和「左右倒攆猴」式的連續向後退步、閃賺騰挪、誘敵深入、連環畫弧挽扳推擊相呼應。兩者其一為進，以攻為守，攻中有守；其一為退，以守為攻，守中寓攻。但其共同特點都是相連不斷。

楊式太極拳不但在拳勢的演練時相連不斷，在實際的運用時也是相連不斷的，勢勢攻防相連，招招攻守相銜。不僅是幾個式子的攻防相連，而且是整個套路自始至終都貫徹攻防相連和攻守相銜的原則。動作一個接著一個，圓活連貫，綿綿不絕，周而復始，循環無窮，川流不息。充分體現了王宗岳《太極拳釋名》所說的「長拳者，如長江大海，滔滔不絕也」。

「左右摟膝拗步」三次邁步向前，後腿從提起到前伸輕輕落地，都是均勻緩慢地進行，猶如貓之躡足潛行。不但使支撐腿得到鍛鍊，而且使前邁伸屈的大腿和小腿及腰、胯的肌肉都得到了充分的鍛鍊，所以，此式得到很多拳家的垂青，專門抽出來作為單練的式子。

第十式　手揮琵琶

譜訣、動作過程與第八式「手揮琵琶」相同（圖 48、49）。

用法、技術要領及注釋說明同第八式「手揮琵琶」。

圖 48

圖 49

第十一式　左摟膝拗步

譜訣、動作過程與第七式「左摟膝拗步」相同（圖50～52）。

用法、技術要領及注釋說明見第七式「左摟膝拗步」，並參閱第九式「左右摟膝拗步」。

圖 50

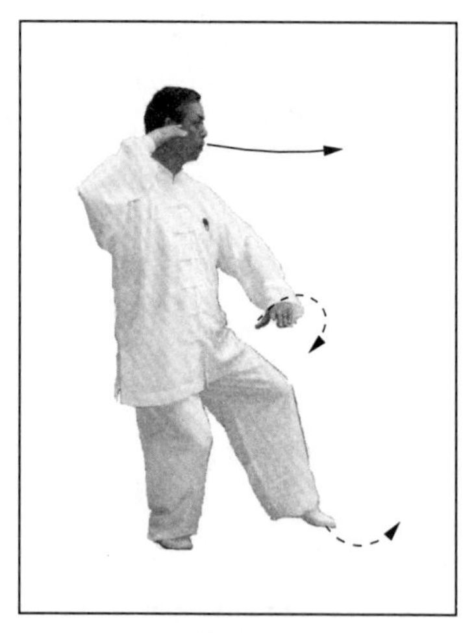

圖 51

圖 52

第十二式　進步搬攔捶

譜訣：太極五捶吾為先，四肢隨腰勁連綿；
進步搬攔捶胸脇，搬攔得法顯神奇。

動作過程

1. 重心不變，身體漸左轉，左腳尖外撇 45°，隨即重心漸移於左腿，右腳跟離地。同時，右掌漸內旋向左下弧形移動，隨移隨變掌為拳，高與脇齊，拳心朝下；左掌外旋隨轉腰微向左後移，掌心斜朝上。眼神關顧右手向左下移，但不可低頭，保持虛領頂勁（圖 53）。

2. 左腿支撐，右腿向前提起。同時，右拳向左經左脇弧形繼續下移至左小腹前向前、向上稍繞，拳眼朝裏上，

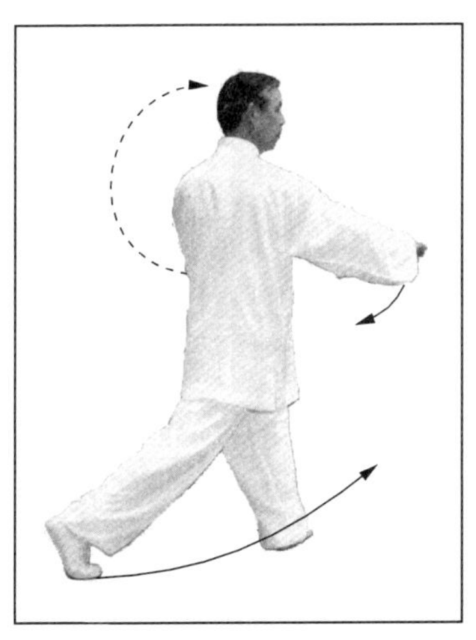

圖 53

圖 54

圖 55

拳心朝裏下；左掌向左、向上畫弧，高不過耳，臂微內旋豎掌，掌心斜朝右。眼神稍顧右拳即向前平視（圖 54）。

3. 身體漸右轉（向東），右腳向右前（略偏東南）邁出一步，腳跟著地，腳尖外撇。同時，右拳向上、向前搬出，外旋使拳心漸翻轉至拳眼向上；左掌根移護於右腕裏側，兩手高齊肩。眼神關顧雙手即向前平視（圖 55）。

4. 身體繼續右轉，右腳掌踏實，重心漸全部移於右腿，左腿前邁虛懸。同時，隨轉腰勢右臂外旋向右下搬，並漸向下微弧形抽回，拳心朝上；左掌微內旋坐掌，經右前臂裏側向前攔（圖 56）。

5. 身體繼續微右轉，左腳向前直線邁出，腳跟著地。同時，左掌平直向前攔格，沉肘，坐腕、立掌、掌緣向前；右拳弧形收回右腰側，肘尖不露背，拳心朝上。右腿

圖 56

圖 57

襠勁略沉，左掌勁往前發，右前臂外側和拳用意貫勁沉住，左掌與右肘成對拉之勢。眼神關顧左掌前伸攔格（圖 57）。

圖58

6. 身體微左轉，重心漸移於左腿，至全腳踏實，弓左腿，蹬右腿，成左弓步。同時，右拳內旋向前擊出，拳眼朝上；左掌微向胸前裏收，坐腕，掌指尖斜朝上，掌心朝右，移護於右前臂近腕部，似貼非貼，助右拳前擊勢（圖 58）。

技術要領

1.「搬攔捶」一式，楊式太極拳稱之為「進步搬攔捶」。之所以稱為「進步」，是因為左右腳連續各上一步。但須注意本勢的進步，第一步右腳提起向前邁步落腳時，須將右腳向右撇出，為左腳上步創造條件。且第一步右腿邁步的距離應較短（橫距亦不宜過大），相當於半步，故連續上步，名義上是左右腳各上一步，實際上僅為一步半。拳諺說：「拳打攏，棍打開。」兩人徒手相搏，原本相距不遠，加上「遠拳、近肘、貼身靠」的尺度規律，如用拳進步太深，反而難於發揮「捶」擊的力量，甚至發生兩人相撞的現象，這就是本勢連續進步只安排一步半的原因。

連續進步時，都要在鬆腰落胯、提襠沉勁的前提下，由腰胯的虛實變化轉換來帶動手足速度均勻、上下相隨地協調運動，做到邁步如貓行。正如傅鍾文老師所說：「輕靈活潑虛實走，四肢隨腰內外合。」整個動作過程保持立身中正安舒和處處圓滿。

2.「搬攔捶」是楊式太極拳「五捶」的第一捶，其手法由搬、攔、捶三個技擊動作組成。由上勢，右掌變拳，覆拳由上向左、向下移動至左脇下時，仰翻畫弧向上、向前使肘略成直角而不露背，是為「搬」。向左往下為「俯腕搬」，簡稱「俯搬」，而由下向上、往外為「仰腕搬」，簡稱「仰搬」。因仰搬以拳背搬之，所以亦有稱「拳背搬」。俯仰之間，翻腕而成，因而又稱「翻腕搬」。「搬」的作用，以我右腕順勢搬動引化對方進攻我之右拳，引出對方的反作用力，為「攔」做準備。所以「搬」時，不可只動手不動腰，不用腰來帶動的搬，是「搬」化不掉來拳的。

「搬」的動作過程必須完整，動作高度也要恰到好處，不能「搬」得太低，也不宜太遠，做到肘不離肋。正確的「搬」動高度應與肩同高。

「攔」的動作，左手向前、右拳向後，雖方向相反，但成呼應之勢，左掌和右肘有前後對拉之意。「搬、攔」是短打拳法中近距離的攻防兼備動作。能「搬」則「搬」之，將對方搬出。不能「搬」，則在引出對方反作用力的同時，趁機以「攔手」攔格開對方具有向外抵抗性的右臂，迫使其「正門」大開，暴露胸脇，為我乘虛捶擊，攻其中路，重創對手創造條件。

「捶」的動作，弓腿、出拳和收掌要一氣呵成。動作失調，拳勢也就散亂。出拳出掌不能直臂遠伸，拳掌太過於膝，易失重心，勁力也會僵澀中斷；出拳亦不宜過高，高度宜在胸肋間。

3. 楊家太極拳的拳形為四平拳，即拳的四維均須平整。握拳的形式為：以中指領先，四指併攏蜷曲，指尖微微觸貼掌心。然後將拇指輕輕蓋壓於中指中節，形成四平拳。因太極拳乃柔中寓剛之術，不以剛硬為能，所以握拳不宜緊實，外形似緊非緊，內則大鬆，以鬆柔為好。但雖為鬆握，須有團聚之意，使之有分不開、擊不散的作用。握拳時，拳背須與前臂齊平，腕骨正直，腕背自然伸直，不可歪曲，不可內拗或外凸，形成戳拳。

用　法

接前勢，對方以右拳擊來，先以我右手腕黏彼右手腕，從左脇下搬至右脇下，能將敵搬出則搬出之，若不能搬出，亦將引出彼右臂的反作用力，此時彼如欲抽臂換步，趁機以我「左攔手」攔格開對方具有向外抵抗性的右臂，迫使對方正門大開，暴露胸脇，順勢進步，乘機以拳捶擊敵胸。敵不及閃避，必為我所擊中。

注釋說明

「搬攔捶」又叫「板攔捶」，武式太極拳作「搬攬捶」，僅一字之差，陳式作「掩手肱捶」。陳式二路另有「搬攔肘」，拳式雖全然不同，但「搬攔」二字有假借關係。楊式太極拳和孫式太極拳以及國家改編的 88 式太極拳均稱「進步搬攔捶」。此「捶」名列「太極五捶」之首，可見這是一招極為兇狠的招勢。從拳勢的名稱也可看出，該勢的技擊特點是一搬二攔三捶三招連環著法加進步。「進步」是連續的，以適應搬攔捶掄臂搬化、護中攔截和遠拳捶擊，以及一打就是三下的技擊三步曲的步法連續逼插進套跌打的需要。

此勢的「搬」，腰臂連運，化中有打；此勢的「攔」，臂隨腰出，追、封、截、打；此勢的「捶」，順勢進步跟上，捶擊胸脇。搬攔捶三著連環，環環緊扣，一氣呵成，瞬間出擊，防不勝防。

沈壽《太極拳體用全訣》說：「進步搬攔捶胸脇，搬攔得法顯技藝。」李亦畬傳抄的《各勢白話歌》說：「搬攔捶兒打胸前。」「俠本」（吳孟俠）楊式秘傳太極拳九訣中《全體大用訣》說：「進步搬攔肋下使」，可見「搬、攔」雖是短打拳法中攻防兼備的動作，但在三著中還是處於從屬的地位，是為最後的「捶」擊、重創敵人服務的。而「捶」，必須在「搬攔得法」、引出對方頂抗性的反作用力、正門洞開、胸脅暴露的情況下，才能充分發揮「捶」之犀利的前沖直擊作用。「進步搬攔捶」一式，搬攔為輔，捶為主，而妙在搬攔。三著貫穿，方顯神奇。此勢不但是一著極為兇險的招勢，而且是一著技術性極強的招勢，它重複出現（表 4）。

表 4　搬攔捶式之重複

序號	勢序	前接勢名稱	勢序	該勢名稱	勢序	後接勢名稱
1	11	左摟膝拗步	12	進步搬攔捶	13	如封似閉
2	24	撇身捶	25	進步搬攔捶	26	上步攬雀尾
3	35	翻身撇身捶	36	進步搬攔捶	37	右蹬腳
4	43	轉身右蹬腳	44	進步搬攔捶	45	如封似閉
5	66	轉身白蛇吐芯	67	進步搬攔捶	68	攬雀尾
6	81	彎弓射虎	82	進步搬攔捶	83	如封似閉
7	73	十字腿	74	進步指襠捶	75	上步攬雀尾

註：楊式太極拳 85 勢套路中「搬攔捶」一式，重複演練達六次之多，不愧為「五捶」之首，可見其在楊式太極拳中的顯著地位。其前後銜接勢式雖有不同，但由於該式極強的親和性和技擊性，使得它與前後勢銜接得天衣無縫。該式主要特點是左手搬攔、右手打捶，三著主次清晰，層次分明，極具實用價值，故在套路中重複出現，旨在加強該勢的基本功訓練。

因「進步指襠捶」勢，亦有搬、攔、捶之義，用法之一有相似之處，故亦列入此表。

第十三式　如封似閉

譜訣：如封似閉守中攻，機巧全在掌緣中；
虛化實發哼哈際，墜身脫銬長勁沖。

動作過程

1.右腿微屈，重心稍後移，落於兩腿中間。同時，左手漸外旋，掌心斜朝上，從右肘下穿出，腕略出右肘，沿右前臂下前伸，外旋成仰掌，後內旋掌心轉朝裏；右拳稍左移變掌沉肘回抽，外旋使掌心翻朝裏。兩臂在胸前呈斜十字交叉，右臂在裏，兩掌指尖斜朝上，高齊肩。眼神關顧兩掌（圖59、60、附圖60）。

2.重心繼續後移，坐實右腿，臀部坐至與後腳跟齊，左膝微屈。同時，兩臂沉肩、垂肘內旋，兩掌左右分開，

圖59

掌心相對，拇指意向後，掌緣向外，寬稍窄於兩肩（圖61、附圖61）。

3. 重心漸前移，弓左腿，蹬右腿，成左弓步。同時，

圖 60

附圖 60

圖 61

附圖 61

兩臂漸內旋，掌心斜朝前，坐腕立掌，平直向前按出，手腕略低於肩。眼平視前方，眼神關顧兩掌前按（圖 62）。

圖 62

技術要領

1.「如封」重心後移時，兩胯骨與兩肩應同時後抽，尤須留意左胯骨的後抽；「似閉」重心前移時，兩胯骨與兩肩應同時前送，尤須留意右胯骨的前送。使兩肩兩胯始終保持對準、上下相合、立身中正和齊退齊進，避免左右偏側、前俯後仰。

2.隨重心後移，我仰左手穿過右肘下，以手心貼肘護臂，以橈骨部向外開格；右拳變掌從左手上脫出，向懷內抽折，至兩手心朝裏斜交呈十字封條狀。此「如封」過程，要沉肩垂肘、周身團聚，而不可兩肩縮攏和聳起。兩肘尖垂沉，不可抬揚，亦要注意肘不貼肋，使手臂有適度的迴旋餘地。兩手交叉成十字封條狀的過程，時間切忌過長，避免雙手貼近胸部，夾肋自縛其身，造成引進落實。

3.兩手的封回和按出，即「如封」和「似閉」的過程，基本上是呈平直的向後、向前運動。肘雖有沉意，但手不可沉下去，外形不能有很大的起伏，只是由於步型的改變，而使兩手有上下略有移動的感覺。這樣才能封住對手，不使走化，並有利於閉出對手。「如封」為守，微向裏引進，以化解敵力；「似閉」為攻。先守後攻，一分即合，一防即攻，相連不斷。

用　法

接前勢，敵以左手握我右拳，我即仰左手穿過右肘下，以手心貼肘護臂，以橈骨部向敵左手腕格去，如敵換步按來，我即將右拳伸開，向懷內抽折，至兩手心朝裏斜交，如一斜交十字封條，使敵不得進。同時含胸坐胯，隨即分開，變為兩手心斜朝前，將敵肘腕按住，封挪其左臂全部勁力，使不得走化，又不得分開。隨之急用長勁，腰腿跟進，以「閉」勁擊之，將敵「閉」出。

注釋說明

兩手呈斜十字交叉，如貼封條狀，稱為「如封」，屬防守法；繼而沉肩垂肘，兩掌微收向裏引進，以化解敵力，分後即合，以閉勁向前按出，似關閉門戶，稱為「似閉」，屬進攻法。可見「如封似閉」一勢，是先防後攻、防後反攻，引進落空合即出的典型拳勢。陳式太極拳稱為「六封四閉」，拳式差異甚大，但式名有音轉關係。

《全體大用訣》說「如封似閉護正中」，沈壽拳訣說「如封似閉守中攻，墜身脫銬長勁逼」，除說明了本勢的用處外，也說明了按的勁別是長勁。但本式的「按」與「攬雀尾」一式的「按」雖整體上都屬長勁，卻有較大的區別。「攬雀尾」的「按」，勁點在掌根，腰、腿、手長驅直逼，關鍵在「逼按」，勁長而雄渾，是正統的按勁。

而本勢的「按」，移動距離短，變動快，勢在突發。手掌如兩扇門，門軸在兩掌緣，不再是長驅直按，而是閉合而出，如關閉門戶之勢。此時掌緣不動，勁力由掌緣迅速結集於大魚際側合力閉出，所以又叫「閉勁」。整體勁雖仍屬長勁，但較「攬雀尾」的按勁為短，且手上的局部「閉勁」是短勁，以爆發力為主。拳家為有別於「攬雀尾」式的「按」勁，多已不再稱其為按勁而專稱這種「如封似閉」式所特有的長中寓短的突發按勁為「閉勁」。它對鬆肩、含胸、豎腕的要求就更高。

第十四式　十字手

譜訣：十字手法變不盡，　上下相隨虛實連；
四肢隨腰內外合，　擰裹鑽翻開合奇。

動作過程

1. 身體右轉，左足尖裏扣90°（面向南），重心偏於左腿。同時，隨轉體兩掌微內旋，屈肘向右、向上平移於額前約兩平拳時，掌心朝前，兩肩鬆沉，兩肘尖沉垂，兩臂呈環形。眼隨轉腰勢，通過兩掌向前平視（圖63）。

圖63

2. 重心漸全部落實於左腿，右腳跟先離地，漸至全腳離地提起，左移至右肩垂線下，腳尖著地，漸至全腳踏實，隨即重心右移，兩腿徐徐起立，兩膝微屈，成開立步，與肩同寬。同時，兩掌微內旋，分別向左右畫弧向下，在兩掌向外移至低於肩時，兩臂外旋，漸下落至兩胯前側，經腹前，右掌在外，左掌在裏，掌心朝裏，合抱交叉向上，畫弧至鎖骨前，左腕距胸約三平拳，兩臂呈環形，沉肩垂肘。眼先關及兩掌畫弧，當兩臂交叉時即向前平視（圖 64～66）。

圖 64

圖 65

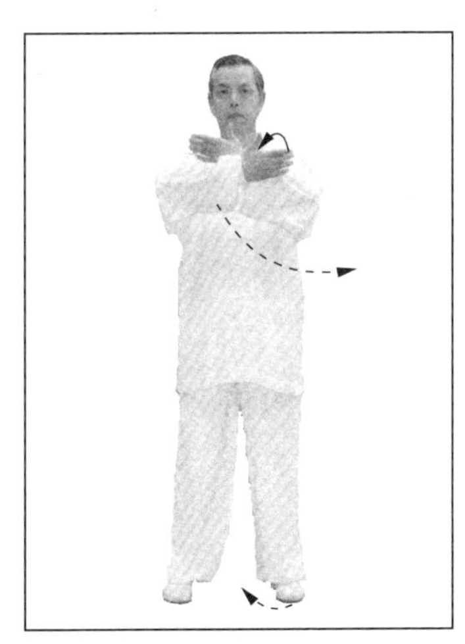

圖 66

技術要領

1. 十字手的動作要上下相隨，手腳的動作要齊起齊止，協調一致。當兩手畫弧向下時，左腿要下沉，同時把右腿收回。當兩手合十上舉時，頭須上頂，腰要鬆沉直豎，兩手要有向上及略前掤之意，思想留意兩手腕尺骨處的勁點，環臂圓滿，全身鬆沉。

2. 左足尖裏扣漸至踏實和右腳向左移漸至全腳踏實，成開立步，此時右腿漸實，而左腿漸虛。兩腳的動作猶如踏蹺蹺板一樣，一腳漸虛，另一腳漸實，一腳踏落，另一腳即起，始終是一腳用力，而不是兩腳平均負擔身體重量。這樣才能避免犯雙重的毛病。否則兩腳站煞，不利於靈活地承接下一式「抱虎歸山」。

「十字手」定勢，有人認為是兩腿平衡分負身體重量或重心由兩足平均負擔，從而犯了虛實不分的雙重毛病。產生的主要原因是，大多以為「十字手」為一段的結束，是一個「收勢」的休息動作，而沒有考慮到該勢不僅用於防守和以靜待動，而且也用於連接拳勢的段落各勢，使之綿綿不斷，滔滔不絕。

3. 當兩手左右分開，弧形向下，兩膝屈蹲時，不可前俯；當兩手合十隨兩腿徐徐起立，向上及略向前掤時，不可後仰，亦不可凸臀。須足跟沉住，虛領頂勁，腰要鬆挺，做到立身中正安舒。

用　法

接前勢，敵由右側自上打下，我即將右臂自右向上大展分開，以開勁應之，值敵乘虛襲我胸部，我即雙手合十，結成一合勁，將敵臂掤住。同時腰稍鬆，往下一沉，則敵所向之力，即自散失不整了，此時我兩臂腕乘機以鼓掤之勁向前擊打。如敵變雙手按來，我即以雙手由內往左右分開以應之。

注釋說明

「十字手」式顧名思義，是兩手大展分開後，先合抱結十字於腹，並漸擰裹鑽翻上掤於胸前，在胸前交錯環抱，呈斜十字交叉。從用法可看出它為一開合勁，開以滾化敵手，合以掤封敵臂，可見是以防守為主、以靜待動的招式，並用來銜接各式各勢。

故楊式太極拳的蹬腳、左右分腳、如封似閉、玉女穿梭等勢式中都寓有十字手法，因此《全體大用訣》說「十字手法變不盡」《太極拳體用全訣》說「十字手法變無窮，擰裹鑽翻開合奇」，義在此焉。

第十五式　抱虎歸山

譜訣：抽身閃展斜摟推，抱虎引進捋擠按；
推按全憑腰腿攻，一腕輕轉敵膽寒。

動作過程

(一)抱　虎

圖 67

1. 身體右轉 90°。左腿隨之屈膝下蹲，左腳以足跟為軸，足尖裏扣 90°；右腳以腳跟先離地，漸提起。同時，左掌外旋沉肘，自胸前沉抽，弧形向左後斜角上提，與左肩齊平，掌心漸翻朝上；右肘下沉，前臂內旋，右掌自然弧形下移，掌心漸翻朝下，高與左腹齊。眼先關及左掌左舉，隨即轉向右平視（圖 67、68）。

圖 68

2. 身體繼續右轉 45°。右腳向右前斜方（西北）邁步，腳跟輕著地，隨腰右轉右腳全掌著地，弓右腿，蹬左腿，成右弓步。同時，隨轉體勢右掌向下、向前經右膝上方，弧形摟至右腰旁，掌心朝下，指尖朝前；左掌內旋，經左耳向前推出，沉

圖 69

圖 70

肘坐腕，掌緣在前，掌指上揚，掌心稍斜朝右前方。眼稍關及右掌摟抱即向前平視，關顧左掌前推（圖 69、70）。

（二）捋　式

1. 以腰帶動，身體稍向右轉後即向左轉，重心漸移左腿，同時，左臂外旋翻腕，左肘下沉，掌心斜朝裏上；右掌自右腰旁微內收，外旋翻腕經左手裏側舉於左掌前，掌心斜朝外下（圖 71）。

圖 71

2.腰繼續微向左轉，重心移向左腿坐實，成右虛步。同時，兩臂稍沉肘，隨腰胯之勁向左捋回，左掌落於左胸前，右掌落於右胸前，右掌坐腕稍豎，略高於左掌，左掌略橫，相距尺骨之距離。眼神捋始關及右臂，捋終關及左手，然後漸轉向前（西北偏西）（圖72、73）。

圖 72

本勢捋的動作與第三式攬雀尾捋的動作相同，惟方向不同，本勢是從西北斜方向捋向東南稍偏南，而前勢由西朝東稍偏南捋。

圖 73

（三）擠　式

（圖 74、75）。

（四）按　式

（圖 76～78）。

本勢的擠、按與前攬雀尾勢相同，惟方向不同。

圖 74

圖 75

圖 76

圖 77

圖 78

技術要領

1. 左腳尖裏扣、下蹲轉腰、兩臂分展、摟抱前推，一連串的動作，要上下一起協調運動，要「四肢隨腰意綿綿」，做到一動無有不動。兩足切忌雙重，右足下踏，左腳尖微微抬起、裏扣，左足踏實，右腳即提起，做到虛實分明，動作輕靈。

2. 左足尖要扣好、扣足，轉腰和邁右腿要到位。這是因為足尖裏扣，轉腰及邁步的動作和方位，與肢體的整個動作，是互相關聯制約的。如左足尖裏扣不足，不是致使出手方向偏西，就是因右腳硬往西北邁出，造成開胯過大而站立不穩，諸多弊病隨之而生。

3.「抱虎歸山」的摟要寓回抱之意。因它是應身後攻擊法，我轉腰，以右手覆腕摟去，用仰掌回抱，所以摟的高度在對手腰間為宜，較「摟膝拗步」式的摟膝為高。

其他技術要領參看前「攬雀尾」式。

用　法

接前勢，敵向我右側身後迫近擊來，不及辨別其用手抑或用腳時，我急轉腰，分展兩手，右手以覆腕摟其腰間，後以仰手抱回，做抱虎勢。左手隨勢前按。如敵手腳甚快，未能抱住，僅只為我摟開或按出，其換左手擊來，我應以「攬雀尾」之捋、擠、按勢。

注釋說明

「抱虎歸山」式，應身後攻擊法，人由我右側或身後偷襲，我隨轉身應以斜摟單按的手法，近代太極拳專家沈壽老師認為「實際是使用『斜摟膝拗步』式應變，繼做兩手抱虎勢引進，又隨之以捋、擠、按勢反擊，整個動作，一氣呵成」。可見「抱虎歸山」的捋、擠、按前就有一抱，今人往往把「抱虎歸山」式所含之「抱」誤作「掤」，這樣就把手法給搞混淆了。其技擊意義是，敵自我身後偷襲，我警覺地回身，以一摟一掌應敵，如未能擊中或擊退，則即以我雙手抱其來手，繼以捋、擠、按破敵。因此，此式捋前含一「抱」而非一「掤」，這是「抱虎歸山」式與「攬雀尾」式的主要區別。此一「抱」，盡顯太極拳家搏虎之威，英武之神。

本式在吳式太極拳中亦作「抱虎歸山」，武、孫式均名「抱虎推山」，陳式名「抱頭推山」。楊澄甫弟子李雅軒認為「抱虎歸山的抱字，是虎豹之『豹』的誤寫，應為『豹虎歸山』為妥」。並認為此式動作「分明是右掌由胸間，左手平面部，扭項回頭向右後方撲去，如虎豹歸山之形勢」。其作用如是說：「如對方在右後向我上部來犯時，我便由左往右後轉身，以兩手向其右臂或胸部找其右側面打截勁，連撐帶撲沖去，勢如豹虎躥山之狀。」並認定「《太極拳體用全書》雖署名為楊澄甫老師著，實執筆於弟子鄭曼青之手，鄭的學識很高，故由他根據楊老師的口述而成書。但是曼青先生那時學拳未久，對澄甫老師所講的拳理尚未十分明白，寫時加上了很多自己個人的意見，所以在很多地方發生了錯誤，此書最寶貴者，乃是楊老師的拳照……」（見李敏弟著《楊式太極拳的幾個動作名稱》一文）。

筆者認為此說不公亦不確。鄭曼青執筆，楊澄甫署名的《太極拳體用全書》，1934 年上海大東書局出版問世以來，一直是廣大楊式太極拳愛好者的練拳指南，影響極大。此書雖為鄭曼青執筆，但由楊澄甫口述並經楊公再三審核，楊公學歷不高，總不至於連「抱虎歸山」的式名都分辨不清，此其一。

此書 1948 年由楊守中再版，楊守中在重刊序中聲稱：「全書均照原本印製，未敢有所增刪。至於拳之要理，諸先達言之已詳。亦未敢再加闡述。海內賢達，如能循此以求之，身心之益，國家之幸，竊願共勉焉。」可見守中先生亦未認為有錯，而輕易改之，此其二。

楊澄甫 1936 年已歸道山，永嘉五絕鄭曼青 1936 年重陽出版《鄭子太極拳十三篇》，後又出版《鄭子太極拳自修新法》。陳微明先生題詞：「名畫家鄭君曼青精岐黃，楊師澄甫南來從學太極拳六年，師德配侯夫人抱疾垂危，得君投劑而起，師感之，悉以口訣相授，他人所未聞也。至蜀遇奇士，與究道益晉。一日與美利堅戰士十五人較，敗其六，餘震懾不敢角，一時傳為佳話。日本既降，君來海上出師授口訣，讀之義極精，條別粲然，雖不出太極拳論之原理，而指示學者俾有可循之途，與拙作《太極拳問答》互相發明，君不吝惜公之於世，誠學太極拳之寶筏也，爰書數言以告真賞。丁亥四月陳微明。」從陳微明這一題詞可看出，鄭曼青此時已得楊公真傳，拳藝聲望均如日中天，而究其拳譜仍為「抱虎歸山」，如前有錯，焉有不改之理。退一步說，如鄭曼青不改，是因為錯出由己，然楊的弟子陳微明等，亦沿用此譜，而無「豹虎歸山」之說。須知陳微明、鄭曼青、曾昭然等均是學有所成之文人，斷無抱豹不清之理，此其三。

而楊澄甫著《太極拳使用法》（1925 年上海中華書局出版），均出在《體用全書》之前，以及許多吳式太極拳的門人弟子，出在《體用全書》之前的著作中均沿用「抱虎歸山」式名，而無「豹虎歸山」之說，此其四。

更早期相傳楊班侯的《全體大用訣》亦有「抱虎歸山採挒成」句，李亦畬傳抄的《各勢白話歌》亦有「抽身抱虎去推山」句，李亦畬的十三勢架譜亦用「抱虎推山」。各式太極拳雖各自形成流派，套路式名及程式一般是各家有各家的譜，但基於各家太極拳之一脈相承。我們從各家的譜中可以看出，楊、吳、武、孫各家都取「抱虎」而無「豹虎」之譜，陳式取「抱」而無「豹」之說。

從以上的推理中我們認為「抱虎歸山」並非鄭曼青尚未充分理解楊澄甫所講拳理而錯誤杜撰，而是楊家正源。李雅軒推究太極式名拳理，本是好事，無可非議，然只能作一家之說而已，不能主觀臆斷是鄭曼青之錯。

第十六式　肘底看捶

譜訣：晝圈抹轉化敵攻，掤托纏黏斷其根；
　　　拳藏肘底伺機勢，乘隙一捶定乾坤。

動作過程

1. 身體左轉，右腿以腳跟為軸，足尖微翹，實腳內扣約 135°踏實。同時，兩肘稍屈沉，隨轉體勢漸漸俯掌平抹，向左抹轉半個平面橢圓，兩掌與肩等高。眼隨轉體向右前平視，眼到手到，眼神顧及右掌（圖 79）。

2. 身體先左轉後右轉，兩掌隨勢俯掌平倒抹，經胸前向右斜前方抹轉半個平面橢圓，高與肩平。眼隨轉體平視，眼神顧及右掌（圖 80、81）。

3. 重心全部移於右腿，身體左轉，左腳提起向左（正東）擺出。同時，隨轉體勢左掌向左弧形平移，隨移外旋，掌心朝裏；右掌緊隨向左平移，隨移外旋，掌心翻朝左，兩掌遙相呼應。眼神關顧左掌左移（圖 82）。

4. 身體微左轉，左腳向前（正東）落下，先以足跟著地，重心漸全部移於左腿；右腳提起，向右微移，先以腳

圖 79

圖 80

圖 81

圖 82

尖落地，重心漸移於右腿。同時，隨轉體勢兩掌繼續向左前平移，隨移內旋，掌心翻朝下。左掌隨移到身前略左側時，內旋弧形向左下移，掌心朝下；右掌隨移到胸前，高與肩平，掌心朝下。眼神先關及左掌左移，待右掌移到胸前時即顧右掌前視（圖 83～86）。

5. 身體繼續微左轉，重心全部移於右腿，左腳稍提，略向左前移，足跟輕著地，成左虛步。同時，左掌沉肘，自左向下、向裏經右臂內側，仰掌向前上弧形穿出，掌心翻朝右，坐腕側立掌，掌緣向前，與鼻尖對準，食指高與眉齊；右掌向左內旋經左掌外側沿左前臂尺骨向下蓋，隨蓋隨握拳外旋，拳眼朝上，拳心朝裏，貼置於左肘下。眼神關顧左掌向下採繞，當仰掌經右臂裏側一穿出，即向前平視（圖 87）。

圖 83

圖 84

圖 85

圖 86

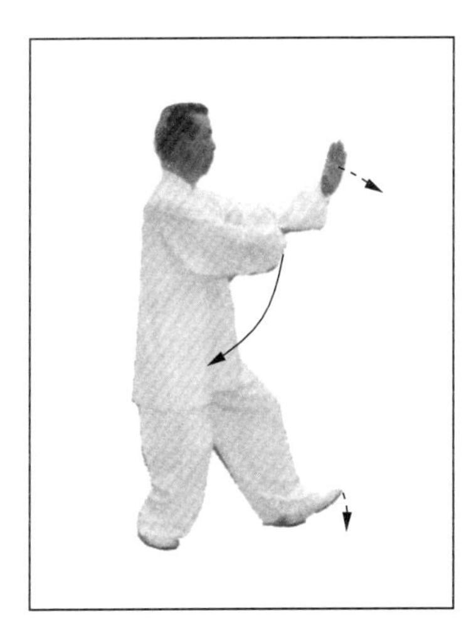
圖 87

技術要領

1. 特別要注意步法，步隨身換，進退轉換要操縱得宜，虛實分明。兩臂向左平移時右腿為實，左腿要虛，身體轉向正面時，左腿實，而右腿輕鬆提起為虛，當重心移於右腿坐即時，左腳以足跟輕著地為虛步，兩足的虛實轉換，始終像蹺蹺板一樣，此起彼落。

2. 臂隨腰轉，兩肩鬆開，勁起於腳跟，變換在腿，含蓄在胸，運動在兩肩，主宰於腰，兩膊相繫，兩胯兩腿相隨，勁由內換。由旋腰轉脊，旋腕轉膀，使勁達於指梢。不能只動臂不動腰。

3. 本勢往來牽動之運動過程，都要心牽意連，都要以腰為軸，保持柔中寓剛、棉裏藏針、綿綿不斷和滔滔不絕的太極運動特點。轉腰扣腳、擺腿移步、雙手平抹掤挒、穿掌下蓋、握拳看捶都要交代清楚，沒有絲毫含糊之處。兩腿虛實分明，手足輕捷靈活，動作協調圓潤，上下相隨，完整一氣，一動無有不動，一靜無有不靜，絲毫不能有強拗斷離，身僵力板的現象。

用　法

接前勢，如敵自後方擊來，我即如前單鞭勢隨腰抹轉，化去其攻勢，使其落空，同時隨身體左轉勢用左手腕向外平接敵右手腕，向右推開，在其失去中定時，即將左手指下垂，緣其腕間，向內纏繞一小圈；右手同時向左，與其左手相接，自上黏合。則其左右手都處背境，而失其所要用力之方向，我即將左腕抑其右腕，右手急握拳，轉到左肘底，虎口朝上，以蓄其勢，伺機而發。

注釋說明

《各勢白話歌》說「肘底看捶打腰間」，《全體大用訣》說「肘底看捶護中手」，《太極拳體用全訣》說「肘底看捶纏繞沾，乘隙一拳莫失機」，充分說明了「肘底看捶」式的體用。寓用拳看守於肘底，以靜待動，伺機乘隙，蓄而後發之義。以拳橫撇敵之胸、脇、腰等中部為主，兼或乘隙捶擊腹、襠等下部，或直沖頭面上部，乃太極「五捶」之一，因其兇險而要謹思慎用。

「肘底看捶」式之「看」，不是五官眼睛的視看，而是技擊術防守之一法，就是看守對方的動靜、蓄勢待發的意思，是指手法、腿法而言。俗說「看手」「看腿」或「看劍」，就是準備以手、腿或劍擊人。有人曲解為「眼看肘底之拳」，那就大謬不然矣。楊式也有簡稱「肘底捶」的，孫式名「肘底看捶」，陳式名「肘底捶」。其實「看」字既不能簡，也不能少的。「看」之一字，寓以靜待動之勢，寄伺機乘隙，蓄勢待發之態，氣勢呼之欲出，有畫龍點睛的作用。「看」字一簡略，氣象頓挫，形勢全無，索然無味。「看」是萬萬少不得的。

第十七式　左右倒攆猴

譜訣：退步穩勻求輕靈，倒捲肱臂無滯病；
若得墜身挽扳勁，閃賺騰挪退即進。

動作過程

（一）左倒攆猴

1. 右胯根微內收，坐穩右腿，身體微右轉，左腳尖落地。同時，左臂肘略沉，左掌微落向前微伸；右拳變掌，由左肘下經腹前外旋，向右下方弧形抽至右胯旁，掌心漸翻朝上。眼神關顧左掌前伸（圖 88）。

2. 重心漸全部移於右腿，身體繼續右轉。左腳徐徐提起，弧形收經右踝內側虛懸，足尖自然下垂。同時，右掌向右後弧形舉至與肩平，掌心斜朝上；左臂漸外旋，掌心翻向斜上。眼神關顧右掌後舉（圖 89）。

3. 身體漸左轉朝向正東，左腳弧形後撤一步，稍偏左

圖 88

圖 89

落下，腳尖輕著地。同時，左肘略沉，左掌稍沉抽；右掌隨沉肩弧形收回於右耳側，掌心斜朝左前，掌根微坐。眼神隨轉體向前平視（圖90）。

4. 身體繼續左轉，左腳跟內收著地，全腳踏實，左腳尖朝左前約45°，重心漸移於左腿，隨重心後移，右腳尖轉向正前方（東）。同時，隨轉體勢左肘下沉，左掌微外旋，向後弧形回抽至左胯旁，掌心朝上，掌指朝前；右掌微內旋由右耳側向前撲出，沉肘坐腕，掌心朝左前，掌指高齊肩。目平視前方，眼神關顧右掌前撲（圖91）。

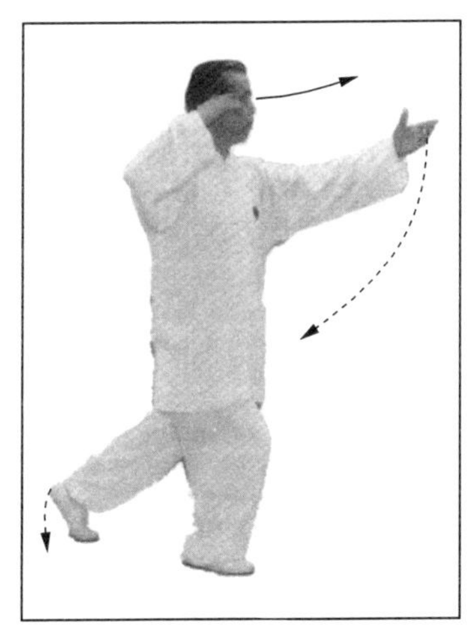
圖90

圖91

（二）右倒攆猴

動作過程與左倒攆猴 2～4 相同，惟方向相反（圖 92～94）。

（三）左倒攆猴

動作過程與前左倒攆猴相同（圖 95～97）。

技術要領

1. 為了維持身體的平穩，穩固下盤，當虛懸的足退步時不可直線後退，要稍向後外側弧形撤步，保持一定的橫向距離，這樣前後腳就不會站在一條直線上，避免造成「疊步」的毛病。當提腿退步時，必須先提大腿，蓄勁在

圖 92

圖 93

圖 94

圖 95

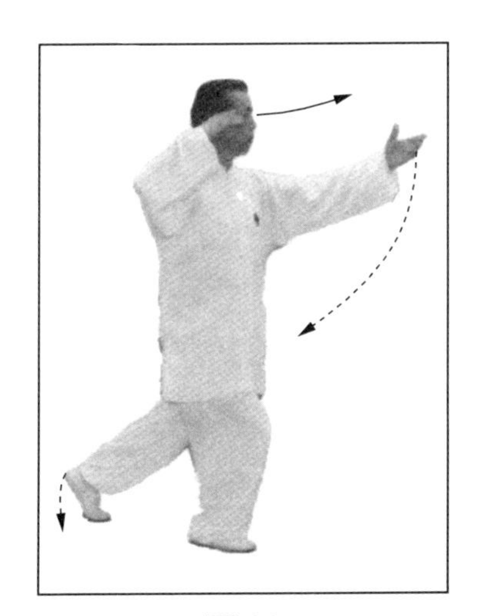
圖 96

圖 97

膝，帶領腳跟，腳尖自然下垂，然後緩緩後伸，腳尖先輕著地，而後足前掌、足跟依次落地至全腳踏實。充分體現躡足而行的要求。此外，支撐腿要始終保持原來虛步時的高度，既不能起立，也不能有起伏，身體重心要基本維持在一個水平上。

2. 連續退步緩慢落地時，一般容易上體前傾，藉以求得身體平衡。在重心後移時，兩手前後交換亦易使臀部後撅，身體前俯。有前俯必有後仰，往往發生於手回抽時，從而造成前後俯仰、左右傾側及起伏搖晃，破壞了立身中正和鬆靜輕靈，臨陣對敵，必為人所制。

要克服這一弊病，就要特別注意身法。須上領頂勁，以挈其綱領；含胸拔背，以守重心；下尾閭斂垂，以豎其線路。使頭頂、軀幹、會陰處於一直線，通體準直，使腰鬆而沉直、直而不僵，符合立身中正安舒的要求。「鬆而沉著」使下盤穩固有力而不失輕靈，「直而不僵」使中軸旋轉輕靈圓活而不失穩沉。這樣方能做到支撐八面而穩固厚重，八面轉換而輕靈圓活。

此外，腰部的「鬆而沉著，直而不僵」避免了脊椎的生硬挺霸，使脊椎有正常的自然彎曲，形成了俗說的「身弓」，增加了脊柱的彈性，緩解了行拳過程中所產生的震動，既起到了護腦的作用，又穩定了重心，平衡了身軀。這樣才能使「上下九節勁，節節腰中發」。

3. 運勢過程中還須注意雙肩平整，不可一肩高一肩低。兩肩兩胯要齊進齊退，齊起齊止，並要貫穿沉肩、垂肘、坐腕的原則，兩手前撲後抽，成呼應之勢，寓對拉攻守之意，節奏匀整，意氣相連。同時注意後抽的手肘不露背，腕不過胯，肩、肘、腕呈弧形。後抽手在與前推手相交穿越掌心時，方可回抽，以不致產生防守空檔，為敵所乘。此外，後抽手須經胯旁，而不能改變為經過脇旁，狀如拉抽屜。以免手臂彎曲小於直角，不成圓弧形，引起肩胛高聳而造成「寒肩」，結果既彆扭、不舒展，又致使氣血不通、勁路不暢，也不符合手背向下、向後撩陰襠的技擊作用。

4. 經耳側向前推按，手腕不應高於肩。楊澄甫之粵南弟子曾昭然博士曾指出：「有將按出之掌抬高於肩者，非。」

5. 雙臂的回環、步法的弧退都要以腰為軸，相連不斷。後撤退步落地和前腿提起都不可過快。無論是雙臂的回環，還是步子的起落，都要節奏匀整、慢起緩落，要用意不用力，自始至終心牽意連，滔滔不絕，綿綿不斷，周而復始，循環無窮。

用　法

接前勢，如敵用右手緊握我左手腕或前臂間，又以左手托住肘底拳。則我先受其制，不得施展時，我即翻仰左掌，用沉勁鬆腰胯，隨退左步後縮，使其握力頓失。右手同時向後分開，待其失卻握力時，即乘勢迅速向前探撲按擊。

如敵從背後將我抱住，我即蹲身、鬆腰、落胯，抽臂頂肘，攻其胸肋，則敵雙膊自行鬆開瓦解。我乘勢以左手採拿敵右手，右掌背向右後下撩陰或以右掌抓閉藏撈。敵必受驚抽胯，動搖下盤，我乘勢閃身插襠，左手前採，右手挽扳挑擔，轉腰將敵扔拋掀翻於地。

注釋說明

「左右倒攆猴」《十三勢架》（李亦畬藏本）作「倒輦猴」，「澄本」《太極拳十三勢名目》作「左右倒輦猴」，曾昭然《太極拳全書》作「倒跄猴」，顧名思義，猶如人猴相搏，我退步以誘其深入，然後乘勢襲擊其頭臉胸肋，將其攆走。此式原名「倒捲紅」或「倒撚紅」，意為若敵連續猛攻，我卻戰卻退，以避其鋒，但守中有攻，退中有進，走中有黏，化中有發，以抑挫其攻勢。邊退邊打，左右連環採撲按擊，抓閉藏撈，挽扳挑擔，敏捷如猴，發勁沉著通透，出手見紅，故叫「倒捲紅」或「倒撚紅」。今改為「倒捲肱」，肱者，臂也，皆因其手臂向側後方連續回環倒捲的動作而得名。

「左右倒攆猴」是連續退步，以守為主、以守為攻、邊退邊打、閃賺騰挪的經典拳勢。《全體大用訣》說：「退行三把倒轉肱，墜身退走扳挽勁。」可見此式的奧妙在於發沉勁，腰鬆胯落，墜身挽扳。勁起於腳而腿而腰而脊而達於手，對方受沉勁頓挫，必失其握力，乘隙採撲按擊，必建奇功。

第十八式　斜飛勢

譜訣：「斜飛」不斜方為真，引進始可採挒分；

一跌不知何處去，擰腰沉襠進腿深。

動作過程

1. 重心漸全部移於左腿，右足稍離地向後收回，與左腳跟橫向齊，身體微右轉。同時，左掌漸內旋，自左胯向上、向左畫弧，屈臂置於左胸前，臂呈弧形，肘微沉墜，俯掌，高與肩平；右掌漸外旋，由前向下經腹前向左畫弧，翻腕成仰掌，與左掌上下相對合抱。眼神關顧左掌畫弧（圖 98、99）。

2. 身體繼續右轉，左腿坐實、開胯，右腳向左後方（南稍偏西）邁步，腳跟著地，隨重心漸移至右腿，全腳踏實，左腳尖隨即內扣，弓右腿，蹬左腿，成右弓步。同時，隨轉體勢右掌以橈骨側向左後上方挒出，掌心斜朝

圖 98

圖 99

圖 100

圖 101

上，高與額齊；左掌向左弧形下採，掌心朝下，置於左胯側。眼隨轉體勢平移前視，眼神關顧右掌挒出（圖 100、101）。

技術要領

1. 右腳向左後邁出，身體平衡較難掌握，容易犯前傾、歪斜、扭曲、低頭貓腰等毛病，從而破壞拳式姿勢「立身中正」的準則。王宗岳拳論有「立如平準，活似車輪」句，可見「立身平準」是「活似車輪」的先決條件。所以本勢行拳，須虛領頂勁，鬆腰落胯，收正尾閭，坐實左腿，然後轉腰開胯，以胯催膝，以膝催足，旋踝轉腿，邁出右腳，方能避免前俯後仰、左右傾側歪斜等毛病，做到立身中正安舒。

2.腰脊為一身之主宰，腿腳為一身之根本，所以太極拳有「有不得機勢處，身便散亂，必至偏倚，其病必於腰腿求之」的論述。當右掌隨轉體邁步向左後挒出，左掌下採時，支撐的左腿要穩固，襠勁要下沉，猶如立地生根。蓄勁發放時，手、眼、身、法、步協調連貫，不先不後，上下相隨；不疾不徐，節奏韻勻；綿綿不斷，輕靈貫穿；不讓絲毫重滯、阻澀、間斷參與勢間，做到心、意、勁、氣、神完整歸一，通達致遠。

用　法

接前勢，如敵自右側向我上部打來，或用力壓我右臂腕，我即乘勢往下沉合蓄勁，同時以左手採拿敵手腕，進右腿套住敵腿，隨右轉腰勢，將右手向左上角分展，用開勁斜擊，將敵挒出。

注釋說明

斜飛勢，顧名思義是定勢斜隅，兩腳左蹬右弓，兩臂斜分，猶如隼鷹展翅斜飛翱翔之勢。此式為開勁，主採挒，左手採、右手挒。如敵自右側擊我上部，或壓我臂腕時，我即乘勢往下沉合蓄勁，隨將右手斜展，以開勁斜擊，並斜邁右步以助其勢。因為斜飛式外型動作粗看只是手足運動，但若不是勁起於腳跟，發於腿，主宰於腰，通於背脊，由肩而肘、而手、達於梢，節節貫串，就不能很好地達到體用要求。所以，此式的運動要「四肢隨腰內外合，立身中正不偏倚」。

斜飛勢的「斜」僅指其定勢方位為斜隅，朝南偏西。有人運勢上體傾斜作「斜飛」狀，則大謬矣。

第十九式　提手上勢

動作過程

腰胯略沉，重心全部移於右腿，左腿稍提起，微前移（基本上在原地）落下，先重心稍後移向左腿，身體稍右轉，右臂內旋，沉肘往裏收合，使掌心漸俯掌斜朝下。後重心漸全部移於左腿坐實，身體微左轉，右腳乘勢稍提起，微向前（基本上於原地）落下，足跟著地，腳掌虛懸，膝微屈弓，成右虛步。同時，兩掌邊外旋邊向胸前合攏搓提，右掌在前，指尖高與眉齊，掌心朝左，左掌在後，指尖高與胸齊，掌心朝右，合對右肘關節。眼神通過右掌平視（圖 102、103）。

技術要領

重心的前後移動置換，尤須注意身體不可大起大落，避免前俯後仰，務須做到立身中正。動作的含收挺放、合抱提搓、起承轉合都要用腰胯帶動，要做到「四肢隨腰內外合，處處圓滿任自然」。

其他技術要領參閱第五式「提手上勢」。

譜訣、用法、注釋說明同第五式「提手上勢」。

圖 102

圖 103

第二十式　白鶴亮翅

譜訣、動作過程、技術要領、用法、注釋說明與第六式「白鶴亮翅」相同（圖 104～106）。

圖 104

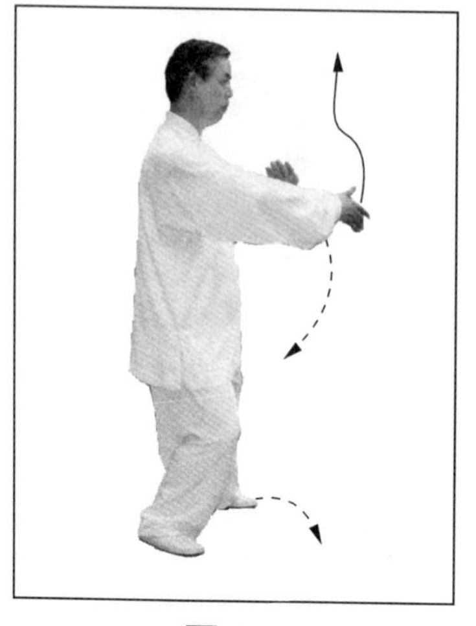

圖 105

圖 106

第二十一式　左摟膝拗步

譜訣、動作過程、技術要領、用法、注釋說明與第七式「左摟膝拗步」相同（圖 107～111）。

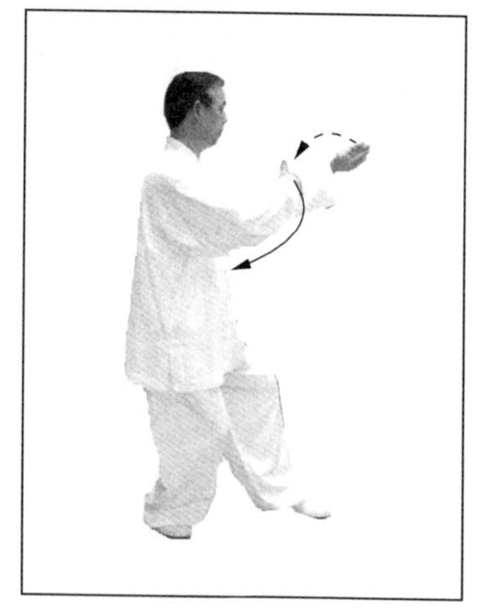

圖 107

圖 108

圖 109

圖 110

圖 111

第二十二式　海底針

譜訣：敵執我手莫慌神，金絲纏繞解危困；
折腰墮身整勁沉，駢指插襠如鋼針。

動作過程

1. 重心漸全部移於左腿，右腳稍提起向前約一腳落下，前腳掌著地。同時，右肩鬆沉略前送，右手微下沉，右掌外旋，變豎掌坐腕為平放，掌心朝左；左手隨重心前移微向前移下沉（圖 112、113）

2. 重心漸後移於右腿，左腳提起，腰略右轉。同時，右肘屈沉，右腕向裏收回，兩掌隨重心移動微微向上。眼神關顧右腕裏收（圖 114）。

圖 112

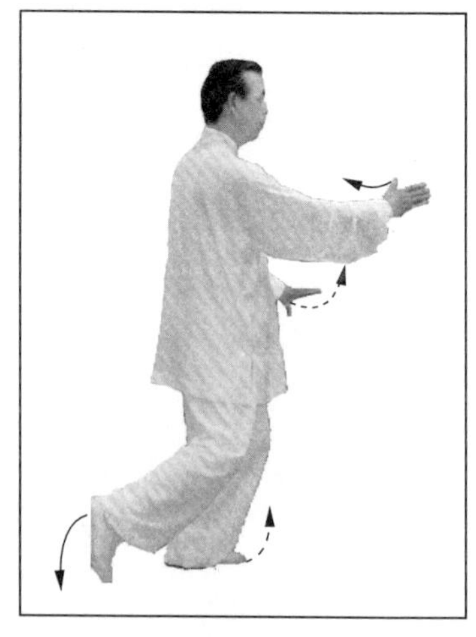

圖 113

3. 坐實右腿，左胯根內收，左腳略裏收落下，腳尖點地，成左虛步。腰略左轉，即折腰下沉。同時，隨折腰勢，右掌向前下插，指尖朝前下；左掌弧形下落於左胯旁，掌心朝下。眼前視，眼神關顧右掌下插（圖115、附圖115）。

圖114

圖115

附圖115

技術要領

1. 重心前置後移，兩手隨著微沉微起，上體不可前俯後仰，仍須保持「尾閭中正」。

2. 右腕向裏收回時，要沉肩垂肘屈臂，不可寒肩、揚肘、直臂，兩肩要齊平，不能一肩高一肩低。在屈臂的過程中含有沉壓纏繞的動作，這樣既增加了被握點移動距離，也增強了沉轉之勁，容易斷敵的根力並解脫之。

3. 左腳虛懸、略裏收落下和折腰下沉時，要右實左虛，僅以左足尖虛點地面，右腿負擔全身的重量做下蹲，以加強一腿的支撐力和耐力。同時須注意左腳落下虛點地面，是隨著右腿漸漸下蹲沉落「送」下的，而不是右腿站煞不動，左腳自行下落。若以如此折腰下沉的方式來解脫敵的握腕，勢必只依靠手的力量，至多加上腰腹的局部力量，而不能運用全身的整勁，也就是俗說的「不得力」。

4. 折腰下蹲、右掌向前下插時，雖向前俯身為斜，但仍不能失中正之勢。也就是說，不論上體俯身的幅度大小如何，從頭部、頸部、腰部到尾閭，必須保持一條直線，百會、中極和會陰一氣貫通。自始至終注意頂勁、拔背、斂臀、沉氣、收正尾閭，而不可低頭、弓背、屈腰、凸臀。須知低頭屈腰，就看不見對手的動態和靜勢，不能知彼，如何攻守，只有挨打。低頭哈腰、弓背凹胸、扭臀擺尾，既成病態，何來舒展。考據全身一無是處，則凸凹叢生，氣血勁路，阻滯不斷，以致勁、力、氣無由通達而散亂，心、意、神無由斂聚而頹靡。

5.動作要內外協調，做到一動無有不動。右掌的向前下插、右腿的下蹲，都要和折腰俯身的動作相協調，齊起齊止。不可先駢指下插，然後折腰，也不可先折腰，然後駢指下插。右掌的駢指向前下插，要勁起腳根，主宰於腰，通於背脊，貫達於肩，以肩催肘，以肘催手，節節貫串，形於指梢，內外六合，內勁中正不偏。此外，右掌向前下插的高度不能太低，插到襠部會陰的高度即可。

6.下插時眼看右掌前方，這樣方可視察敵的動態，但不可把頭抬起，以致拋露喉頭，並破壞中正之勢。

用　法

接前勢，如敵用右手牽住我右腕，我即屈右肘坐右腿，轉腰提回，手心向左，左腳也隨之收回，腳尖點地。如敵仍未撤手，更欲乘勢襲我，我即將右腕順勢鬆動，折腰往下一沉，斷其根力。右掌駢指，指尖下垂，弧形向前下插敵襠部「海底」。

「海底針」一式又有「金絲手」的美稱，主要作用是用柔中寓剛的鎖纏勁擒拿制服對手。其用法如下：敵以右手握我右手，我即以左手覆於彼手背上，鎖扣其掌指使不得脫，我右手稍引進，以掌緣由下往上纏鉤其腕橈骨處，兩手同時隨折腰沉襠勢，屈肘沉勁下採，整勁齊發，使之反筋背骨，立跪於地，或雙腳離地，向前仆俯。若不依勢就範，必遭骨折。

「海底針」勢係毒招，莫輕易使用。武、孫、陳式太極拳皆無海底針勢，但武式用掌的按勢姿勢有其相似之處。

注釋說明

「海底」是武術的專有名稱。陳鑫在《陳氏太極拳圖說》一書的《人身纏絲正、背面圖》中說：「氣海之底為會陰，即任脈起處。」又說：「督脈通前蛋弦為海底。」由此說明，可知「海底」即中醫針灸經絡學說的會陰穴。《針灸大成》曰：「男子生氣之海。」氣海位處沖壬，穴居少腹，前鄰臍，後近腎，其用專主吐納，為呼吸之根也。而「會陰」位於腹的最下端，即氣海之底。所以「海底」即「氣海之底」的意思，中醫氣功學說認為此處是任脈的起點，又是督脈的終點，係任督二脈交會的總樞。二者及諸陰皆交會於此，又位處下部，上為陽，下為陰，故稱「會陰」。所以「海底」和「會陰」是同一穴位，只不過是不同學說、不同的命名而已。武術的「海底」借指相當於這一穴位高度的襠部，因技擊時實際攻擊的要害部位乃是男子的腎囊，即睾丸。

《性命圭旨》稱其別名還有陰端、禁門、龍虎穴、虛危穴、河車路、上天梯、生死穴等，是「天人合發之機，子母分胎之路」「陰陽變化之鄉，任督交接之處」。《道源清微歌》曰：「虛危穴，即地戶禁門是也。上通天谷，下達湧泉。真陽初生之時，必由此穴經過，故曰關係最大。」

海底針的「針」指的是指法，以針喻指，四駢指像鋼針似的插點敵方的襠部要穴。故此勢名「海底針」。由此可見，在演練此式的時候，折腰點插只須插到襠部的高度即可，最低限度為四指稍過膝，而不必深插到地面去。有的演練者因不明所以，錯誤地將地面喻為「海底」，或將膝內側的「血海穴」及腳內側的「照海穴」，誤作為「海底」，因而有其相應的錯誤插點高度。還美其名曰「仰之彌高，俯之彌低」，都是不得要領的。

第二十三式　扇通背

譜訣： 托架閃展扇通背，蓄發捲放如迅雷；
身樁端正植根時，不盡功勁腰腿來。

動作過程

1. 右腿坐實，腰微右轉，身體豎起，左腳提起稍收回。同時，右掌由體前上提，掌心朝左，拇指朝上，高與肩平；左掌自左胯旁向胸前上提，外旋使掌心翻朝右，指斜向上，置於右前臂左側，高與胸窩齊。眼向前平視，眼神關顧右掌上提（圖 116）。

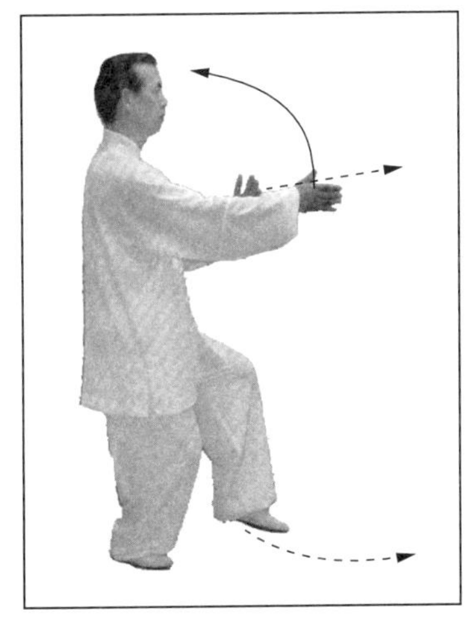

圖 116

2. 左腳向前邁出一步，先以腳跟輕著地，隨重心前移漸至全腳踏實，弓左腿，蹬右腿，成左弓步。同時，右掌內旋，弧形上托翻採，掌心朝右前，置於右額前，高不過頂；左手自胸前沿右前臂向前推出，腕與肩平，沉肘、坐腕，掌緣朝前，掌心朝右前。眼向前平視，眼神關顧左掌前推（圖 117）。

圖 117

技術要領

1. 從「海底針」的折腰俯身下插到「扇通背」的右腿坐實，上體豎起，左腿提回，雙手上提的過程，是一個上體由折腰前俯到中正直豎的過程，它不是依靠向上挺身，而是由右胯根內收，右腹充實，右腿坐實的情況下，依靠腰和左膝的前拱來擺正身體，使身體中正安舒。這一動作過程要上下相隨、周身協調、虛靈內合，不可有絲毫停頓、阻斷和遲澀之處。這一動作的完成即使身體恢復到正常的高度，為扇通背後下一個動作的完成提供了穩定重心的保證。

2. 扇通背的難點是在右腿一腿支撐的情形下，同時完成左弓右蹬的左弓步，及左掌前推，右掌弧形上托翻採，兩臂扇形打開的全過程。既不可以使左腳向前邁步落地又快又重，又不可犯重心大起大落的毛病。必須注意分清虛實，身體重心要完全落實右腿，下肢貫勁，骶骨沉垂，帶脈充實，臀部力量通貫足跟，好像纏植地下，這樣才能身椿端正，無所偏倚，右實左虛，下盤穩固，身、手、腰、腿自然相順相隨，協調運作，動作一致。使整個動作充分體現楊式太極拳「靜、鬆、穩、勻、緩、合、連」的原則，做到支撐八面而穩固厚重，八面轉換而輕靈圓活。

3. 兩臂如扇形打開，右掌弧形上托翻採要沉肩垂肘，不要寒肩揚肘。左掌前推，要屈肘坐腕，以符合勁以曲蓄而有餘的要求。要虛領頂勁，含胸拔背，含胸有利於化勁，拔背則有利於勁的捲放。做到勁起腳跟，主宰於腰，勁由脊發，通達指掌。身、手、腰、腿，相順相隨，一齊俱到，又須意到、氣到、勁到。充分發揮扇通背的勁如放箭，迅若雷霆的閃展作用。

用　法

接前勢，如敵用右手擊來，我即急將右手往上提起至右額角旁，掌心外翻，以托架敵右手之勁，並翻採敵右腕。左手提至胸前，勁發由脊，直沖敵胸、腋、脇，並以左弓步助其勢。

注釋說明

「扇通背」勢，顧名思義是兩臂隨身法閃展，像摺扇似的打開，勁由脊發。這是楊式太極拳的一個典型的發勁拳勢，故常用來作發勁的單練。發勁時，身椿端正，無所偏倚，下盤穩固，勁起腳跟，而腿而腰，送至兩臂，帶動兩臂扇形打開，轉側發勁，勁由腰、背脊送經兩臂，通達兩掌，迅猛敏快閃擊敵胸、腋、脇，故有「蓄發捲放如迅雷」之訣。但行拳走架時，仍須緩勻合連，綿綿不斷。

「通背」，勁力通於背膂之謂也。太極拳強調發揮背勁，背勁即古人所謂的「膂力」，乃全身最大之力，敵受此勁力無不受重創或飛身跌出。「扇通背」吳式沿用此名，88 式作「閃通臂」，孫式、武式作「三通背」，陳式作「閃通背」，皆一音之轉。

第二十四式　轉身撇身捶

譜訣：撇身捶掌連環劈，掌撲頭面捶撇脇；
弓步如箭勁透脊，側身擊敵如霹靂。

動作過程

1. 身體漸右轉向南，重心不變，左腳尖順勢實腳裏扣，左腿坐實，右腿變虛。同時，右掌漸變拳，弧形下落，屈肘橫臂，拳心朝下，置於左肋前；左掌弧形上舉，沉肩、垂肘、坐腕，掌心朝外，置於左額前上方。眼神關顧右手畫弧，隨即向前平視（圖 118）。

2. 身體繼續右轉向西，重心全部落於左腿，右腳提起。同時，左掌隨勢向右拂面，經右前臂外側弧形落下，高與右肘齊；右拳環撇向上，略高於左肘。眼隨轉體向前平視，關顧兩手運作（圖 119）。

3. 右腳向前稍偏右落下，先以足跟輕著地，漸至全腳掌踏實，弓右腿，蹬左腿，成右弓步。同時，右拳向前、向下撇出，漸至拳心朝上，收於右腰側；左掌環轉經左胸前，於右前臂裏側上方向前推出。眼向前平視，眼神先關顧右拳撇出，後關顧左掌前推（圖 120、121）。

圖 118

圖 119

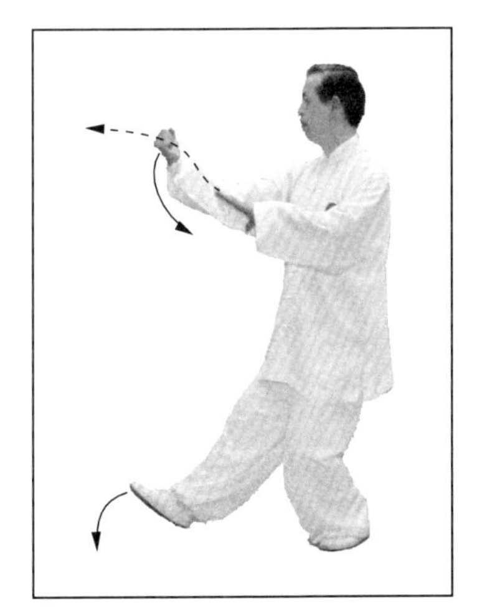

圖 120

圖 121

技術要領

1.從「扇通背」過渡到「撇身捶」回身右轉時，必須以左腿實腳碾轉，足尖裏扣。太極拳實腿（腳）碾轉的載重型的步法，使下盤腰腿穩固有力，足膝輕捷靈活，從而充分鍛鍊了人的「第二心臟」——腿，使心臟有了強勁的「支援系統」，從而也為練功，為「階及神明」達至大成，打下堅實的基礎。

此外，撇身捶是應身後襲擊的攻防法，邊化邊還擊敵從身後打來的中部拳，須原地閃身，我若先後坐，重心後移，猶如將背脊、後腦等要害部位送給人打了。更須知應敵制勝，雙方交鋒，兔起鶻落，瞬息萬變，間不容髮，豈容重心移來移去延誤戰機。

虛腿（腳）轉跟法，明知不可為而為之，於拳理拳法皆不通。撇身捶左腿實腿轉勁，對腰胯的鬆弛圓轉提出了更高的要求，如不能做到四肢隨腰內外合，就會造成臀部外凸，或臀部時而前順，時而後撅，或扭來扭去，猶如「游魚擺尾」等現象，就是俗稱的「晃臀」「擺臀」「搖臀」「游臀」或「扭臀」。這樣常常不是造成了點頭哈腰、前俯後仰，破壞了立身中正，就是「游魚擺尾」，破壞了尾閭中正，喪失了舵的作用，致使右拳撇捶疊勁無定向，左掌前推撲勁不能專注一方。克服的方法是做好「斂臀」即「護臀」的技術規範。動作時注意不要撅起臀部而要向裏微微收進，儘量放鬆腰部和臀部的肌肉，輕輕使臀肌向外下方舒展，然後再輕輕向裏、向前收斂團聚，就像用臀把骨盆護起來，把小腹承托起來那樣，這樣配合虛領頂勁、鬆腰落胯、圓襠，就能使尾閭的舵向作用相對穩定，從而保證尾閭中正和立身中正，有助於增強脊柱的靈活性和背脊的彈性。同時，斂臀也相對降低了身體的重心，有利於動作的平衡和撇捶疊化、推撲進擊的穩定，並有助於力由脊發，發勁渾整，專注一方。

2. 撇身捶須體勢工整，心、息、身協調運動，手、眼、身、法、步處處圓滿順遂，出手分陰陽。無論是右手握拳，橫臂頂肘，掄臂撇拳，疊勁暗採，還是左掌豎落切格，迎面撲擊都要交代清楚，做到著法清晰，沒有絲毫含糊之處。兩手隨腰裏外翻轉，纏繞連環撇擊，力由脊發，不能有絲毫強拗斷離和渾身僵硬等現象。

3. 右足向前邁出落步須略偏右，使前後兩足保持應有的橫間距，切不可「疊步」。此外，右足尖要正對前方，既不可外撇，亦不准裏扣。因為足尖的指向，直接關係到襠的圓沉和胯的開撐，以及內勁的貫注一方，從而影響到腰襠胯的鬆活和力量、耐力的發展。

用　法

接前勢，如敵自身後脊背，或脇間用手打來，我即向右轉身，左腳實腳裏扣，右足變虛，右拳隨勢環轉撇出，暗用採勁，將敵手疊住，左手急向敵面部撲擊，則敵必攻守失措。

注釋說明

「撇身捶」，側身橫拳撇擊對方身體，故名。武式、孫式太極拳無此式，陳式太極拳一路有「披身捶」，二路有「庇身捶」和「撇身捶」，而內容、功能與楊式已大為不同。

清代萬本《太極指掌捶手解》一文說：「五指權裏，其背為『捶』。」權者「捲」或「蜷」也，即向裏蜷曲的意思。所以五指向裏收攏蜷曲，即為捶。捶即是拳頭之拳，為名詞。又說：「如其用者……打，捶也。」則「捶」是拳擊的意思了，為動詞。

「夫捶有『搬攔』，有『指襠』，有『肘底』，有『撇身』，四捶之外有『覆捶』。」覆捶即「栽捶」也，是為「五捶」。《太極指掌捶手解》又說「其次」五捶為「通山捶」「葉下捶」「背反捶」「勢分捶」和「捲挫捶」。有人認為前者是按勢式而命名，後者按形象性質而命名，兩者是一一對應的，這種說法恰當與否，有待商榷。其實楊式太極豈止五捶，還有「彎弓射虎」「上步七星」和掌拳互變的「白蛇吐芯」，以及「打虎勢」與「雙峰貫耳」，相加亦剛好是「五捶」。相傳「打虎勢」與「雙峰貫耳」兩勢式係楊班侯所加（見吳圖南著《太極拳》一書，1957 年再版自序，商務印書館出版）。只不過以「捶」命名的拳勢僅五個而已。

「撇身捶」是以「捶」命名的「五捶」之一，是楊式太極拳主要的發勁動作。其特點是右拳左掌反側陰陽，連環撇捶撲擊，下盤配以進攻性的弓箭步，內勁起於腳跟，襠中上翻，經脊通背，貫通於拳掌，向前直擊，勁長而意遠。「前去之中，必有後撐」，腰脊命門須有後撐之意，以期獲得穩定重心、支撐八面而穩固厚重的效果。

《太極拳體用全訣》說：「撇身捶掌連環劈，側身擊敵如霹靂。」《全體大用訣》說：「撇身捶打閃化式，橫身前進著法成。」撇身捶應身後襲擊，以肘為軸，掄臂撇拳，疊勁暗採為化，而化中有攻，以掌迎面撲擊為攻，而攻前有豎落切格之化。化中有攻，攻中有化，拳掌連環，變化多端，使敵眼花失措矣。

據曾昭然博士著述，楊澄甫先師早年教人，撇身捶一式，皆以左掌置左額上，晚年在穗教人左掌則置胸前。他嘗詢其故，承答此式著重在右肘，左掌目的在採敵手而已，故其位置高低皆可，惟提高可顯威勢，放低則切實用耳。陳微明及曾昭然等皆遁其舊，以左掌置左額角上（見曾著《太極拳全書》，友聯出版有限公司 1960 年 3 月初版）。

第二十五式　進步搬攔捶

動作過程

1. 身體微左轉，重心漸移向左腿。同時，左肘隨轉體略下沉，左掌隨勢外旋使掌心翻朝上；右拳內旋向前上掤擊過左掌上側，高與肩平，拳心朝下。眼神關顧右拳前掤（圖 122）。

圖 122

2. 身體繼續左轉，重心

圖 123

圖 124

移於左腿坐實。同時，兩手隨勢向左捋，右拳在前，左掌在後，相距一前臂（腕肘之間的距離）。兩眼向前平視，眼神關顧兩手捋回（圖 123）。

3. 身體稍右轉，右腿提回，腳尖自然下垂，成獨立步。同時，右拳繼續弧形下移經腹前向左上稍繞，拳心朝裏；左掌向左、向上畫弧，高不過耳，隨畫弧內旋，掌心翻朝右下。眼神稍顧拳掌畫繞，即向前平視（圖 124）

4. 身體漸右轉（向西），右腳向右前（略偏西北）邁出一步，先以腳跟著地，腳尖外撇。同時，右拳向上、向前搬出，隨搬勢外旋使拳心漸翻轉至拳眼向上；左掌根隨勢移護於右腕裏側，兩手高齊肩。眼神關顧雙手，即向前平視（圖 125）。

5. 身體繼續右轉，右腳掌踏實，重心漸全部移於右

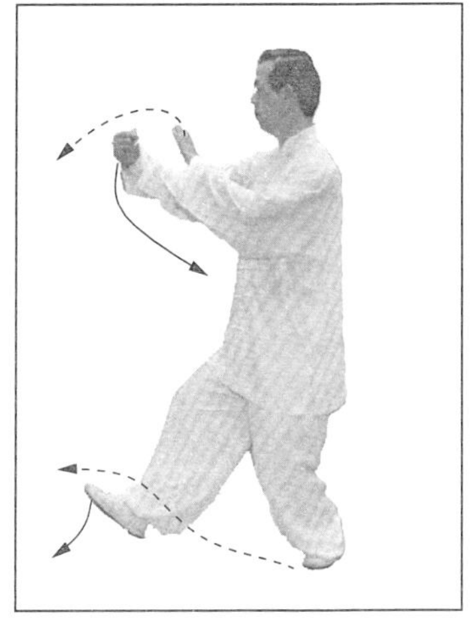

圖 125

圖 126

腿，左腿前邁虛懸。同時，隨轉腰勢右臂外旋向右下搬，並漸向下微弧形抽回，拳心漸朝上；左掌隨勢微內旋坐掌，經右前臂裏側向前攔（圖 126）。

6. 身體繼續微右轉，左腳向前直線邁出，先以腳跟著地；右腿襠勁略沉。左掌隨勢平直向前攔格，沉肘，坐腕、立掌，掌緣向前。同時，右拳弧形收回右腰側，肘尖不露背，拳心朝上，右前臂外側和拳用意貫勁沉住；左掌勁往前發，左掌與右肘成對拉之勢。眼神關顧左掌前伸攔格（圖 127、附圖 127）。

7. 身體微左轉，重心漸移於左腿，至全腳踏實，弓左腿，蹬右腿，成左弓步。同時，右拳內旋隨勢向前擊出，拳眼朝上；左掌微向胸前裏收，坐腕、指尖斜朝上，掌心朝右，移護於右前臂近腕部處，似貼非貼，助右拳前擊勢

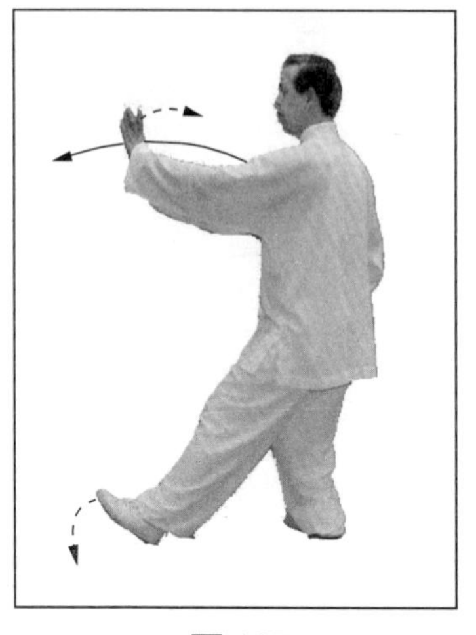

圖 127

附圖 127

（圖 128）。

譜訣、技術要領、用法、注釋說明同第十二式進步搬攔捶。

第二十六式　上步攬雀尾

動作過程

1. 身體漸左轉，左腳尖外撇踏實，重心漸全部移於左腿，右腿向前提起。同時，左肘隨勢向左後沉，自然帶動左掌弧形移於左胸前，掌心翻朝右前下；右拳變掌，先內旋下按，復外旋向左弧形抄至腹前，掌心翻朝左後上，與左手弧形相合。眼略顧左前臂移動，即向右臂前方平視（圖 129）。

其餘動作過程同第三式攬雀尾（左掤除外）（參見圖

圖 128

圖 129

8～17）。

譜訣、技術要領、用法及注釋說明同第三式攬雀尾。

第二十七式　單　鞭

譜訣、動作過程、技術要領、用法及注釋說明同第四式單鞭（參見圖 18～22）。

第二十八式　雲　手

譜訣： 橫步躡行似踩蓮，連環運轉連綿綿；
捋抄掤挒等閒手，妙用全在轉腰際。

動作過程

1. 身體右轉 90°，重心不變，左足尖裏扣朝東南偏南

圖 130

圖 131

方踏實。同時，左掌隨勢屈臂沉肘，掌心朝下，稍向右下弧形移動；右吊手變掌，掌心朝下，沉肘坐腕，橫移至右腰側。眼神關顧右掌下移（圖 130、131）。

2. 重心全部移於左腿，腰微左轉，右腳先腳跟離地，繼而提起向左移靠半步，前腳掌著地。同時，左掌隨勢外旋向上，復內旋向左弧形運出（似畫一小圓圈），坐腕，掌心翻朝下，高與肩齊；右掌邊外旋邊自右下經腹前向左前上方抄掤運轉，運至左肘彎處，掌心朝裏。眼隨體勢轉移向前平視，眼神關顧右掌左運（圖 132）。

3. 身體微右轉，右腳隨重心漸右移全腳踏實，左足即變虛，兩腳平行朝前，相距約與肩寬。同時，右掌隨勢自左向上、向右弧形運轉，沉肩垂肘，掌心朝裏，手指齊眉；左掌自左向下、向右弧形運轉至左腹前，隨運微外

圖 132

圖 133

旋，掌心漸朝裏稍斜向上。此時右手在上，左手在下，於胸臍處相對。眼神隨轉體關顧右掌右運（圖 133）。

4. 身體繼續微右轉，重心漸全部移於右腿，左腳先腳跟後腳尖緩緩離地提起。同時，右掌隨勢內旋向右、向下弧形運轉，掌心翻朝下，高與肩齊；左掌經腹前向右上運轉，運至右肘彎處，掌心朝裏。眼神關顧右掌右運（圖 134）。

圖 134

圖 135

圖 136

5. 左腳向左橫邁半步，先以腳尖著地，隨重心漸左移全腳踏實，右足即變虛，兩腳平行向前。身體微左轉。同時，左掌隨勢自右向上、向左弧形運轉，沉肩垂肘，掌心朝裏，手指齊眉；右掌自右向下、向左弧形運轉至右腹前，隨運外旋，掌心漸朝裏稍斜朝上。此時左手在上，右手在下，於胸臍處相對。眼神隨轉體關顧左掌左運（圖135、136）。

6. 身體繼續左轉，重心漸全部移於左腿，右腳先腳跟後腳尖緩緩離地提起，向左移靠半步，兩腳平行向前，相距約與肩寬。同時，左掌隨勢內旋向左、向下弧形運轉，掌心翻朝下，高與肩齊；右掌經腹前向左上運轉，運至左肘彎處，掌心朝裏。眼神關顧左掌左運（圖137）。

7. 重複動作（參見圖133、134）。

8. 重複動作（參見圖135～137）。

動作 1～動作 6 為一個雲手，為加大運動量及熟練程度，雲手可連續重複做三個、五個或七個，但必須是奇數，為收勢時能回到原地，與之相應的倒攆猴也做同樣的奇數。

圖 137

技術要領

1. 雲手是楊式太極拳典型的以腰帶四肢運作轉動的拳式。腰為軸，四肢如車輪，腰徐徐轉動，兩臂弧形隨腰圓轉。左轉，左手上抄，雲掤挑挒，右手下壓按捋相隨；右轉則反之。擰裹鑽翻，如輕雲舒捲，連綿不斷，周而復始，循環無窮。下盤步隨身換，兩腳隨腰胯運轉，躡足潛行，踏下時先腳尖輕著地，然後意念腳掌外緣、腳跟依次著地至全腳掌踏實。一腳一經踏實，另一腳即須以腳跟、腳掌外緣、腳尖依次而起，此伏彼起，像蹺蹺板一樣。須立身中正，內外相合，處處圓滿，四肢隨腰協調運行，相連不斷，起根、順中、達於梢，意到、氣到、勁自到。

雲手之妙全在轉腰胯，只動手腳不動腰，內勁無由達四梢。但轉腰的幅度亦不宜過大，有的人腰胯轉動幅度竟達 90°，接近轉向正東或正西，這樣身體和四肢的動作就失之太過，反而給人以進攻的機會。

2.雲手的步法特點是兩足不丁不八，平行橫步躡足潛行，這是太極拳中絕無僅有的採用橫步的拳勢。左腿跨步要穩勻緩慢、輕輕地落，右腿要慢慢提起、圓襠收胯，落下的足跟踏實時，另一足跟隨即離地，此伏彼起，相連不斷，虛實分明，不犯雙重（即兩腳不同時共同承擔身體的重量）。同時切忌因開步、合步而造成身體重心高低起伏，或兩腳抬得太高。而是以腰、胯、腿、膝、踝、足控制和協調平行橫步的穩健和輕盈。向左靠步兩足間距須保持一肩之寬，不能過寬過窄，兩足不丁不八保持平行。

3.「雲手」亦有稱「均手」或「勻手」的，皆因「均勻」疊詞的關係。由此亦可見雲手一式特別注重「勢勢均勻」「機勢相連」。無論是兩臂隨腰圓轉，抑或兩腿的起落騰挪，每一動惟手先著力，隨即鬆開，猶須貫串一氣，起、承、轉、合，始而意動，既而勁動，轉接一線串成。氣宜鼓蕩，神宜內斂。勿使有缺陷處，勿使有凹凸處，勿使有斷續處。功蘊於內，勁不外露，由外形動作的開合和內在勁路的虛實變化來顯示雲手神固韻勻的節律感。一個「雲手」連接一個「雲手」，綿綿不斷，周而復始，循環無窮，每一個「雲手」之間也僅僅表現為實極將虛、虛極而實，似停非停的落實感，而絕不可讓絲毫重滯、阻澀、間斷參與勢間。四肢隨腰，兩臂輕柔圓轉，雙腿起落騰挪，猶如一片雲煙。「圓似月魂墜，輕如雲魄起」「紛紛紜紜，鬥亂而不亂，混混沌沌，形圓而不敗。」外示安逸，內固精神，用心處靜，以意導動，輕重慢快操持得宜，輕靈而不飄浮，柔韌而不軟塌，沉著而不重滯，寓剛而不僵硬。動愈緩而氣愈平，動愈寧而心愈靜，動愈勻而意愈凝，動愈微而神愈固。更有欲動又止，欲止又動，動乎不得不止，止無不得不動之意。緩緩然，似雙手擎山，悠悠然，如溪中浣紗，拳勢如行雲流水，風曳楊柳，輕盈自然。如此歸虛靈於沉著圓融，一靜無有不靜，化沉實為輕靈飄逸，一動無有不動。則雲手自然柔韌順暢，圓勻相連了。

4. 雲手由兩個橢圓連環交織而成，左右手除各管住各自的半個身子以外，運行路線在身體頭頂百會穴至襠下會陰穴一線中心前任脈處稍稍重疊，不易引起防守空檔或盲區，形成嚴密的防守網域，保護胸、腹等要害部位。兩手隨腰環轉時高不過眉，低不過胯。兩腋窩既要含空，又要相對護實。即處理好「肘不貼肋」與「肘不離肋」的辯證關係。兩腋窩虛含，則臂部彈性充足（掤勁足），迴旋餘地較大；而兩臂相對護實，則邊門不易受侵，但腋窩的虛實是就兩臂以肘為軸圓環的相對位置來說，既要用意外撐，又要用意裏裹，有意識的鍛鍊兩臂的掤撐之勁。乃是寓防禦，伺機反擊、攻擊之攻守意識。手上舉則可護頭面，中護心窩、胃脘、脇腋與腰側；手落下則可護小腹、襠部和膝部等要害部位。

雲手採用「以無所守而無不為守」的方法，即渾然任氣在遍體流行，意在若有若無之間。由內心言，寂然若合體於虛無，而腦海常自爽朗清明，舉體自爾和順。意識不專守於一處，則全身反應靈通，變化運用自能隨意隨心，也就無所謂守攻，守即是攻，攻即是守了。

用 法

接前勢，如敵自前右側用右手擊我胸部和脇部，我將右手落下，手心向裏，以腕的上側（橈側）與敵腕的下側（尺側）相接，由左而上往右旋轉，後翻下向左行，畫一大圓圈。如雲行空，綿綿不斷。左右手的用法相同。雲手的妙用全在轉腰胯，應手翻出，牽動敵的根力。

偏 著

如敵以拳（掌）連續進攻，我以兩手交替環形運轉，破其連環捶擊。如敵以右（左）腿蹬我腹部，我則以右（左）手抄接其腳踝部，向上圓轉雲掤、挑挒，將敵掀翻。

注釋說明

「雲手」既有「雲手」又有「擡手」，武式作「紜手」，陳式作「運手」。可能是異寫而已，亦可能有筆誤之處。皆因「過去武師，類皆僅識之無，只能口口相傳。而言語侏離，時地益異而益乖，實難紀以文字，其強為之紀者，亦難通意義。」

楊澄甫弟子曾昭然認為「雲手」實為「均手」，莊子寓言篇有云：「萬物皆種也；以不同形相禪，始卒若環，莫得其倫，是謂天均。」此式兩手畫圈動作相禪，始卒若環，莫得其倫，故應作「均手」。均者勻也，均勻為疊詞，因又作「匀手」。紜、雲、擺、運、均，古音亦相通。而楊澄甫及傅鍾文仍沿用「雲手」名，皆因此式兩手做環形運轉，以破敵手足連環進擊，其勢如行雲飛空，舒捲隨心，連綿不斷，形象而貼切，故式名「雲手」沿用至今。

《各勢白話歌》中云：「紜手三下高探馬」「紜手下勢探清泉」，又說：「紜手高探對心掌」，說明雲手像單鞭一樣，是銜接各式的重要拳式。沈壽《太極拳體用全訣》說：「雲手橫行連綿綿，妙用全在轉腰際。」《全體大用訣》說：「雲手三進臂上攻。」《十八在訣》說：「進在雲手。」充分說明了雲手的特點和技法，關鍵是步法橫行，腰胯圓轉，手法環繞而進，在太極拳技法裏突出一個「進」字，是進入反之亦是退出敵方的重要手法。熟練地掌握雲手，也是學習「黏手」即「亂環」的先決條件之一，只有熟練地掌握了進退之法，直至梢節（腕、踝）、中節（肘、膝）、根節（肩、胯），以至全身上下處處能隨意黏人，才能在「亂環」中「手腳齊進橫豎找，掌中亂環不落空」。

昔陳微明先師教人雲手，凡掌由下而上者，皆以掌心先行作撩陰勢。曾昭然嘗以此請教楊澄甫，承答微明師手勢並無錯，惟不如掌心內蓄勢而後攢出有力耳。又指出演練此式，腰部轉動過甚者，或有以左掌先向右畫圈而向上者，或有以左掌作單鞭後停止不動而只以右手先動者，皆不符要求。

雲手式之重複，如表 5 所示。

表 5　雲手式之重複

序號	勢序	前接勢名稱	勢序	該劫名稱	勢序	後接勢名稱
1	27	單　鞭	28	雲　手	29	單　鞭
2	54	單　鞭	55	雲　手	56	單　鞭
3	69	單　鞭	70	雲　手	71	單　鞭

註：雲手是太極拳中惟一採用橫步躡足潛行的拳勢。在整套楊式太極拳中雖只重複出現 3 次，但每一式雲手又重複 3、5 或 7 次不等奇數單雲手，如按常規 5 次奇數計，則有 15 次單雲手，不可謂不多，可見雲手一式之意義重矣。且與之銜接的前後勢式皆為單鞭，這又是一個奇特的現象，說明雲手是單鞭形影不離的最佳「搭檔」。「雲手」是化勁呈圓周運動的典型，而單鞭原本是平圓抹轉後，利用離心力，左手拂面後，以拴法向前揮出。而現與雲手搭配，單鞭拴勁發放後，勁路由剛復柔，立時轉化為化勁，仍循圓周運動。變化為立圓式的化勁，即「雲手」，蓄勢化為位能即勢能。立圓運轉後，再次利用離心力，把化勁的位能轉化為發勁的動能，復以單鞭勢，循順圓周切線，專注一方，揚鞭一揮，以拴法，略成直線的向前爆發出剛勁。如此循環轉化，剛柔互運，方圓互用。這一切都說明單鞭勢和雲手勢的結合是「方圓結合，方在圓中」的最好體現。

第二十九式　單　鞭

動作過程

1. 身體繼續微右轉，重心漸全部移於右腿，左腳先腳跟後腳尖緩緩離地提起，足尖自然下垂。同時，右掌隨勢內旋，向右斜方伸展，掌心漸翻朝下，五指自然下垂撮攏成吊手；左掌微外旋，向右上方運轉，接近右腕，掌心朝裏，拇指上揚。眼神稍關及右掌右運，隨即移顧左掌（圖

圖 138

圖 139

138）。

其餘動作過程同第四式單鞭（參見圖 20～22）。

譜訣、技術要領、用法、注釋說明同第四式單鞭。

第三十式　高探馬

譜訣：高探馬上纏腕採，仰之彌高掌探面；
上驚下取型典在，金針度衆樂其成。

動作過程

1.腰稍朝右鬆轉，右胯內收，重心漸移到右腿，隨重心後移，左足尖自然離地。同時，右吊手變掌，右肘屈沉，弧形移至右肩前，指尖朝前，掌心朝前下；左臂外旋使掌心漸翻轉至斜朝上。眼神關顧左掌翻轉（圖 139）。

圖 140

圖 141

2. 重心全部落於右腿，左腳提起收回，向裏半步落下，腳尖輕點地；右腿徐徐立起，膝部仍微屈，成高架勢左虛步，身體漸左轉至正前方。同時，右掌隨勢弧形稍經左腕上側向前橫探，手指斜朝左前，掌心略斜朝前下，高與眉齊；左掌弧形經右腕下側向下收於左上腹前，手指略斜朝右前，掌心略斜朝後上。眼向前平視，眼神關及右掌向前橫探（圖 140、141）。

技術要領

1. 整個動作過程，上體不可因為「探」而前俯後仰。左腳一經離地收回，右腿徐徐立起，身勢隨右掌探出而向上拔起。這時頸椎、脊椎鬆沉直豎，氣沉丹田，襠勁下沉，足底勁似植地生根，而頭頂百會穴則虛虛上頂，以挈其綱領；下收正尾閭，以豎其路線。這是因為百會虛頂與會陰斂垂，兩點成一直線。上虛頂、下斂垂，即可使通體準直，符合立身中正安舒的要求。

2. 右手前探要橫探，手指不可朝前，否則就會失掉坐腕的意義，亦不符遮擋敵雙眼的技擊意義。要含胸拔背而寓前進之意，要鬆肩沉肘而不可寒肩揚肘，肘關節曲而不直，意遠勁長。從而達到「三垂」，即氣垂、肩垂、肘垂。

3. 左腳提回，不可擦地拖回，右腿收胯站立，膝關節要曲而不直，勁似植地生根，又要勁起足跟，足勁下蹬而意上翻，手前探勁前發而勢後蓄，兩手兩足對拉拔長，曲中求直。源動腰脊，勁貫四梢，上下肢都要貫勁，不可輕浮。左手往懷內以疊勁黏採，右手橫掌坐腕撲面高探；左腳蓄勢虛點，意踢對方脛骨，右腿收胯穩坐，勁起腳跟，經於腿，及於腰，終形現於手指，由腳而腰而手，總須完整一氣，毋使有缺陷處，毋使有凸凹處。若有阻滯斷續，有凸凹缺陷，則心、意、氣、勁、神勢必不能歸一，從而造成「有始無終，有終無始，始亂終棄」的現象。以致心、意、神無以斂聚而迷昏；勁、力、氣無由通達而散亂。致使高探馬疊採橫探，上驚下取，不能舉重若輕，收放自如，發放坐失機勢，發勁處處落空。

4. 右手向前橫探要撲擊對手面部及遮擋敵雙眼，掌緣與眉齊。

用　法

接前勢，敵用左手自我左腕上繞過，往右挑撥，我隨將左手腕略鬆勁，轉手心略斜朝後上，將敵腕疊住，往懷內採回，右掌向敵面部探去，及遮擋敵雙目，同時右腿收胯站穩，左腳提回，虛步蓄勢，伺機踢敵的脛骨或踩其腳面。

注釋說明

高探馬是象形會意的拳勢，右掌撲面身漸高起，表示高探馬頭，故名。一說形容其高高地站在馬鐙上探路；一說因探身跨馬之勢而得名，亦通。

《太極拳體用全訣》說：「高探馬上纏腕採，仰之彌高掌探鼻。」充分說明了高探馬的技擊主要用法是：左手纏腕沉採，是謂一拉，右手高勢探鼻，是謂一打，雙手一拉一打，先拉後打，中間有一個時間差。順勢採拉即為引進，使敵落空，然後乘勢出擊，高勢採鼻一打，後發先至。拉打之時，背脊有探拔之意，但上體切不可因此而前俯後仰。

《體用大全訣》說：「高探馬上攔手刺」，則又為左手「攔」，右手「刺」。技法看似和前者左手沉採，右手橫探大相徑庭，其實並不矛盾。因古代攔採是連詞，刺探則是同義的疊詞，現亦有通用，如刺探軍情等。攔採在技擊上往往是連用的手法，「刺」技在此即是指探。

楊澄甫《體用全書》明確地說明了高探馬的技擊用

法：「設敵用左手。自我左腕下繞過。往右挑撥。我隨將左手腕略鬆勁。手心朝上。將敵腕疊住。往懷內採回……同時急將右手由後而上圓轉向前。往敵人面部。用掌探去。」則是對兩者矛盾統一的最好注釋。

「攔採」的目的，是用沾黏之勁疊住敵腕，抑制其攻勢，並引進落空；「刺探」的目的，不在直「刺」敵雙目，而是橫探敵面，能擊則擊之，不能擊則不勉強。因橫探的主要目的是遮障敵眼，使敵迷亂、驚慌失措，為踢腳下取，創造條件和機會。是楊式太極拳上驚下取的典型拳法。因人眼是雙目平置的，故探掌必須用橫掌方為得法。用「探」比用「刺」更確切，所以後人漸漸不用「刺」了。「高探馬」一式誰也不會將它寫為「高刺馬」。

有的拳家不明所以，在改編套路或行拳的時候，將高探馬勢演繹為「右掌經右耳側向前探出，掌心朝下，掌指朝前」，顯然是受了「刺」字的影響，以四指朝前「刺」敵目了。這樣一來，兩膊不能圓掤，亦有違拳理。顧留馨說：「高探式，以撲面掌開始，以擰轉頭頸告終。」以四指朝前「刺」敵目，則何以擰呀，高探馬勢也就有始無終了，殊為不妥。

第三十一式　左右分腳

譜訣：左右分腳手須封，捋來採去伺機攻；

上驚下取脇下踢，手腳齊到始成功。

圖 142

圖 143

動作過程

右分腳

1. 重心仍全部在右腿，右腿漸下蹲，左腳稍提起，身體微左轉（面向東北）。同時，右掌隨勢向右往裏弧形抹轉，左掌弧形向左前抹。眼神關顧右掌右抹（圖 142）。

2. 左腳向左前斜角（東北）邁步，先以腳跟輕著地，繼而重心漸移向左腿，弓左腿，蹬右腿，成左弓步。身體右轉（面向東南）。同時，左掌自左向前、向右經右臂下側向裏抹轉近一個圓圈，左臂弧形環屈，左掌橫置於右肘旁，高與右胸齊，掌心斜朝裏上；右掌自右向裏、向左經左臂上側向前抹一平圓，即向右前斜方（東南）切線探

圖 144

圖 145

出，坐腕，掌心斜朝左前，指尖斜朝上。眼神關顧右掌抹轉探出（圖 143）。

3. 重心漸全部移於左腿，上體左轉（向東北方向），右腳隨勢向前屈膝提起。同時，左掌微向前方上移，高不過肩，掌心朝裏；右掌外旋，自右向下（低不過臍）弧形抄至左掌外側，掌心翻朝裏，兩手交叉，左掌在裏，右掌在外。眼向右前平視，關顧兩掌交叉（圖 144、145）。

4. 左腿漸起立（膝仍微屈），上體方向不變，右腳向右前斜方（東南）分出，腳面自然繃平，高與胯齊。同時，兩掌邊內旋邊向左右分開，先微向上，高不過眉，然後微弧形落沉，至腕與肩平，掌心俱斜朝外，沉肩垂肘坐腕，指尖朝上。眼神關顧右掌分出，並隨右掌向前平視（圖 146）。

圖 146

圖 147

左分腳

1. 左腿漸下蹲，右腿下落，虛懸左腿右前，身體微右轉。同時，左掌內旋，屈肘近胸由裏向右抹至胸前，掌心翻朝下；右掌外旋，自右前向左抹，掌心翻朝上（圖147）。

2. 右腳向右前斜角（東南）邁步，先以腳跟輕著地，繼而重心漸移向右腿，弓右腿，蹬左腿，成右弓步。身體左轉（面向東北）。同時，右掌自右向前、向左經左臂下側向裏抹轉近一個圓圈，右臂弧形環屈，右掌橫置於左肘旁，高與左胸齊，掌心斜朝裏上；左掌自左向裏、向右經右臂上側向前抹一平圓，即向左前斜方（東北）切線探出，坐腕、掌心斜朝右前，指尖斜朝上。眼神關顧左掌抹

圖 148

圖 149

轉探出（圖 148、149）。

3. 重心漸全部移於右腿，上體右轉（向東南方向），左腳隨勢向前屈膝提起。同時，右掌微向前方上移，高不過肩，掌心朝裏；左掌外旋，自左向下（低不過臍）弧形抄至右掌外側，掌心翻朝裏，兩手交叉，右掌在裏，左掌在外。眼向前平視，關顧兩掌交叉（圖 150）。

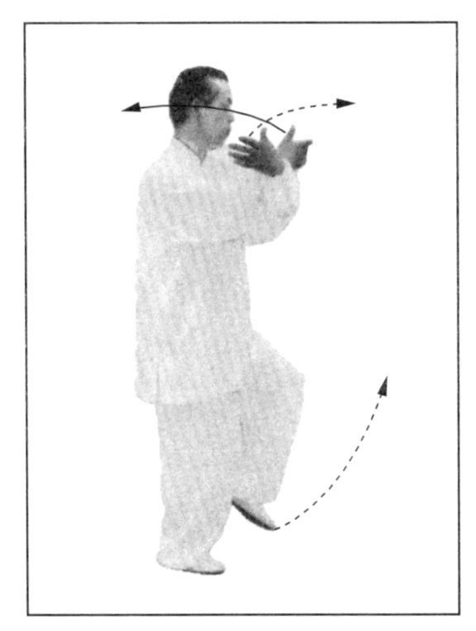
圖 150

4. 右腿漸起立（膝仍微

屈），身體方向不變，左腳向左前斜方（東北）分出，腳面自然繃平，高與胯齊。同時，兩掌邊內旋邊向左右分開，先微向上，高不過眉，然後微弧形落沉，至腕與肩平，掌心俱斜朝外，沉肩垂肘坐腕，指尖朝上。眼神關顧左掌分出，並隨左掌向前平視（圖151）。

圖151

技術要領

1. 右左分腳的方向要正確，右分腳向東南，左分腳向東北。為了使分腳的方向正確及發勁得力，首先要注意獨立支撐腿收胯屈膝，拳樁穩健如植地生根，而又不完全站煞，實中有虛。其次，分腳前一定要先提膝，再出腿，同時分手。否則無法調節和維持身體重心的穩定。而分腳起腿的膝（蓋）頭只能朝向起腿分出的方向，這樣起腳提膝出腿，不僅方向正確，而且勁力完整，專注一方，不致因膝部所對的方向不對，而造成「橫擺腿」的現象，引起身體搖晃，從而破壞立身中正。

2. 高探馬勢接右分腳，應先使右腿屈蹲，重心下降，在坐腿的過程中，左腿邁向左斜方（東北）。右分腳結束接左分腳，亦同樣先使左腿屈蹲，重心下降，在坐腿的過程中右腿先下落再邁向斜方（東南）。手既不能停滯，腳也不能停頓，動作的虛實、開合、起落，都要「意氣相隨」「上下相隨」「一動無有不動」，充分體現腰為軸的楊式太極拳特點。做到腰既要像中軍大旗那樣直豎，不俯仰傾側，又要以腰為軸，帶動四肢協調運轉，做到四肢隨腰，內外相合；足隨手運，圓轉如神。

3. 右分腳時和右手的方向要一致，兩臂與分腳腿上下成一線，從幾何學的角度來看，應成一平面。兩手分開時的動作基本上由裏往外分，而不是由上往下分（微有弧形起落則允許，因這是維持拳術圓潤之需要），也不是兩手往外推。兩手的左右分開，和左腿起立（仍微屈膝），右腳提膝、出腿分出相一致。要眼到身到手到足到，一齊俱到。

4. 分腳不能過高或過低，也不能直腿踢起，應該是先提膝，膝頭對準分腳方向，把勁力集中在膝關節，然後節節貫串地通達足尖，徑直向敵脇踢去，避免擺腿現象，以加強發力。左右分腳，起腳提膝出腿不能過快，快則易牽動身體，使之失去平衡。也不能以後仰的方法維持平衡，以致破壞了立身中正。出腿後膝部仍保持一定的彎曲度。

5. 每一次分腳的完成，眼要和身體轉動的方向相一致。眼神要隨主要手的轉動而向前平視，同時關顧上下左右。要以眼領手，眼隨手轉，手眼相隨，做到眼到、身到、手到、步到，一齊俱到，神形合一。

用　法

以右分腳為例，左分腳用法相同，惟方向相反。

接前勢，設敵用左手接我探出的右腕，我用右腕壓住敵左肘，垂肘沉肩，將敵左臂向左側捋回；左手沾住敵左腕，手心向下暗施採勁。同時左腳向前左側邁半步，坐實，腰向左斜倚，隨將右腳提起，以腳尖和腳背，平直向敵左脇踢去。兩手掌側立，向左右平肩分開，以稱分腳之勢。

注釋說明

「左右分腳」勢，簡稱「分腳」。凡拳勢中有「左右」兩字者，皆指左式與右式而言。分腳，一名「翅腳」，係指兩腳以腳尖或腳背先後向左右分踢，伸展自然，安適舒展，身心雙暢，其勢如飛鳥展翅，翱翔於藍天；勁貫腿足，意注四梢，其像如蒼鷹搏擊於長空，故名。此式原名「踢腳」，乃是用腳尖向上踢，故《太極拳體用全訣》說「左右分腳脇下刺，捋來架去伺隙襲」。一個「刺」字形象地刻畫了腳面繃平以腳尖踢出的特點。

武式、孫式太極拳仍有「踢腳」「起腳」之名。起腳，原是武術使用腿法的通稱，此處專指分腳。吳、武、孫、陳等式太極拳另有「二起腳」，別名「鴛鴦腿」，除陳式原由外功拳的箭彈腿發展而來，其餘只是轉身蓄勢再起腳而已，難度均不大。

《全體大用訣》說「左右分腳手要封」，說明我以分腳踢對方脇部的時候，一手必須壓住敵肘捋回，另一手暗採敵腕，寓有一個「十字手」法，掤「封」住敵手後再行施著，這樣就可以避免我腿被敵抄摟住的危險。陳鑫《太極拳經譜》說：「上行下打，斷不可偏」，又說：「聲東擊西，左右威宣。」所以提膝分腳踢出的同時，兩手即左右分開，一齊俱到，同時到位，以稱其勢，以取得「上驚下取」「閃驚巧取」的戰術效果。而此時敵則難兼顧上下，要想抄摟我腿已失先機，為時已晚。

有拳家認為，左右分腳要「先分後踢，兩手分完到位後才踢腳，不是邊分邊踢，也不是分一半就踢，不分完不能踢」。認為「不分開別人擊來的手不能踢腳，因為對方還有防守和攻擊的機會」。這樣的說法，粗看似有道理，實則似是而非。主要的原因是對用法不甚明瞭。

請看楊澄甫著《體用全書》敘述右分腳用法：「……隨將右腳提起。腳尖與腳背平直向敵人左脇踢去。同時兩手側立。向左右平肩分開。以稱分腳之勢。」這段話是寫得明明白白的。「同時」兩字明確地說明，兩手向左右平肩分開，是和踢腳同時進行的。兩手向左右平肩分開的主要目的是「以稱分腳之勢」，其次是擾亂對方視線，起分散對方注意力的作用。

因為手腳同時從同一方向出擊，對手的目光首先接觸到的是離臉面較近的手，於是上面「分手」的動作迷惑了對方的攻防，而有利於我下面「分腳」的真正進攻。充分體現了《拳經總歌》所說的「聲東擊西」「上籠下提」，即「上驚下取」「閃驚巧取」的戰術運用。而決不是用來「分開別人擊來的手」，亦不是「按擊進攻」。所以，不存在「先分後踢」的理論和實戰依據。當然「先踢而後出手者」的說法更令人莫名其妙。

第三十二式　轉身蹬腳

譜訣：轉身蹬腳打敵援，懸腿蹬伸腹上踹；
　　　上驚下取樁根腿，立身中正最得勢。

動作過程

1. 左腳漸落下，左膝微提，虛懸於右腳前，以右足跟為軸，腰身輕靈地向左後轉，右胯根鬆沉，右膝微屈，身略下蹲，左腿微裹合。同時，兩臂外旋，兩掌向裏、向胸前交叉合攏，左掌在外，兩掌心朝裏。眼隨轉體平視轉移，向正西方平視（圖 152）。

2. 左腳以足跟慢慢向左蹬出，足尖朝上；右腿隨左腳蹬出漸漸起立，膝關節仍適度彎曲。同時，兩掌內旋，向左右分開，腕與肩平，掌緣皆朝外，坐腕、掌指上揚。眼關顧左掌分出，並通過左掌向前平視（圖 153）。

技術要領

1. 此式是楊式太極拳難度較大的動作，它的特點及技術的重點、難點就是旋轉。難在一腳懸空，單腿支撐的情況下旋轉 135°，即由分腳後的東北方向轉向蹬腳的正西方向。完成這一動作主要靠腰胯的帶動，腰為一身之主宰，是上下體轉動的關鍵，對協調全身動作、調整重心、平衡身軀、輸送勁力，都起主導作用。但並不意味著可忽視全身其他方面協調一致的配合，須知要完成這樣難度較大的動作，不可能光靠一腿支撐及腰胯的局部動作，而是需要

圖 152

圖 153

整體的協作配合。要做到「神為主帥，身為驅使」「內動導外動，外形合內動」。轉身之前，心意先行，心識先定向、定位、定速及協調周身諸多的內外配合。轉身前，左腿下落虛懸，繼而鬆腰胯，尤其是左胯向左鬆開，配合四肢自然產生向左旋轉的擰動力。以右足跟為軸旋轉時，為了旋轉穩定，須頭容正直，上虛領頂勁；含胸拔背，中守重心；收斂閭臀，下把正閭舵。同時兩臂外旋，兩掌向胸前合攏，左腿微裏合，使身體保持上下一條線，既不前俯後仰，又不左右歪斜，並使重心不偏離右腳支撐點。然後要轉得恰到好處，即要轉到想要轉到的理想方位，又要轉得穩定、輕靈，為蹬腳等發勁創造良好的條件，除用力得當外，還須有一個良好的制動機制。所以須頭腦明清，右腿以足跟為軸旋轉後，右腿下沉，即刻全掌著地，足心涵空，落地固定，如植地生根，左腿微裏合。旋轉由心，煞停隨意，就能在取得相對穩定性的情況下，取得最大的靈活性，以確保穩定與靈活的統一。

2. 旋轉時左腳不可以落地。有的拳家因站立不穩而左腳落地，或用上體右傾來作為補償，以取得「平衡」。這不符合拳論說的「百會、中極，一體管鍵」及陳長興《用武要言》所說的「心要佔先，意要勝人。身要攻人，步要過人。頭須仰起，胸須現起。腰須豎起，丹田須運起。自頂至足，一氣相貫」的拳理，久而久之拳也就越打越歪，到時考究全身，就一無是處了。

3. 轉動時左腳不可直腿擺動。有的拳家認為：轉動應兩手左右分開，左腿分腳後即直腿擺動，「呈大字式旋轉」，並說「含有連消帶打之意。」其這樣做法的原因，可能是想利用手腳擺動的勢力來轉動身體，其實這樣轉動既不穩，又不易控制方向，也失去了蹬腿的技法意義，易受制於人，也不符合基本的物理常識。

4. 旋轉後不能在動作停頓後再蹬腳，從而失去「機勢」。太極拳，機勢並得，服手服腳；機勢皆失，綁手綁腳。所以轉身蹬腳的整個過程是不可以身僵腿澀、氣滯血淤、神馳意迷、力板勁散、失機失勢的，而是要做到靜、鬆、穩、勻、緩、合、連。

5. 凡分腳或蹬腳，出哪條腿則哪隻手在外。兩手的交叉合十要圓潤飽滿，不要癟，兩腕不可鬆懈彎曲，也不要抬肘露脇，蹬腳要勁貫足跟，提膝後出腿，先把勁力集中膝關節，然後節節貫串地通達腳跟，均勻地蹬出。發勁則快速出腿即收。

6. 楊式太極拳的分、蹬腳不是用腰胯的勁，而是提膝出腿彈勁瞬間分蹬。因用腰胯的力量發勁分、蹬，反而易使身體失衡，導致勁力分散不整。這一踢法與武禹襄《十三勢說略》「其根在腳，發於腿，主宰於腰，形於手指，由腳而腿、而腰，總須完整一氣」的論述是吻合的。分、蹬踢出之腳的根，在於另一支撐腳，支撐腿腳、腰、胯相連坐穩，是踢出之腳的基礎和所發之勁的源泉。兩腿相合相隨，勁由內換，節節貫串。細揣此勁原理，自會體會於心。

7. 其他技術要領參看「左右分腳」勢。

用　法

接前勢，設敵自身後用右拳打來，我即將身向左正方轉動，左腿虛懸，待右腳立定時，即以腳跟向敵腹蹬去。兩手隨腰轉動，由外往內合，隨左腳蹬出勢，即向左右側立，平肩分開，以稱衡蹬腳之勢。眼神隨左指尖方向前視，立定根力，則敵必應腿而仰了。

注釋說明

「轉身蹬腳」，轉身後用腳跟蹬人，故名。楊式太極拳屬於蹬腳範圍的拳勢有三十二式轉身蹬腳、三十七式右蹬腳、四十式回身右蹬腳、四十二式左蹬腳、四十三式轉身右蹬腳、七十三式十字腿，共計六式，可見蹬腳的重要。加上左右分腳、金雞獨立和轉身擺蓮等用腿的拳勢，以及其他暗藏腿法的諸多拳勢，說明腿法在太極拳中佔有很大的比重，可見太極拳亦並非重手不重腿的。

蹬腳，陳式作「蹬一根」，陳式古譜作「莊（樁）根腿」。楊式太極拳中屬於蹬腳範圍的「十字腿」，早年楊澄甫練此式時作「單擺蓮」，《楊式太極拳》（傅鍾文演述，周元龍筆錄，顧留馨審）一書記述：「十字腿這個動作，原來的練法是單擺蓮，上述這種練法（指順勢蹬腳式），是楊澄甫最後修訂定型的，目前按此法練者又最普遍，因之本書按最後定型的編著。」（見大展出版社《楊式太極拳》121 頁）李雅軒老師也曾說：「我學拳時此處（指十字腿）是踢腳，不是蹬腳，不知何又弄錯也！」故更正為「披身左踢腳」（見《關於楊氏太極拳中的幾個名稱注釋》）。其實並非鄭曼青「又弄錯」，而是楊澄甫在一路中，初改十字擺蓮為蹬腳時，原係拗勢即拗腿踢，故名「十字腿」，為了順勢得力而最終修訂為順勢，便與「蹬腳」式無異，僅僅保留「十字腿」之名而已，也就名不副實、名存實亡了。

現行的 88 式則改為「轉身十字蹬腳」，其形式為「兩手合抱胸前，右手在外，手心均向裏，成十字手勢；然後兩臂向左右分開，手心轉向外；右腳向前方蹬出；眼看前方」。改成了既非拗步又非順步的正面蹬腳法，想是為名實相符使然。然而如此改動，改則改矣，是否符合拳理，是否順勢得力，則是值得推敲的。然現行的吳、武、孫、陳式仍有「十字擺蓮」即單擺蓮式。

《全體大用訣》說：「轉身蹬腳腹上占」，又說：

「右蹬腳上軟肋踹。」「左蹬腳踢右蹬式，回身蹬腳膝骨迎。」「十字腿法軟骨斷。」《太極拳體用全訣》說：「轉身蹬腳腹上踹，懸腿蹬伸打援敵。」又說：「左右蹬腳膝腹占，輕沾慢拐猛飛腿。」「十字腿起分手攔，上驚下取最得勢。」等等，都說明蹬腳的攻擊部位是敵肋、腹、脇、膝等中、下部。所以，蹬腳高度以腰肋部為限，不宜過高，否則易為人所制。和左右分腳一樣，它是上驚下取的典型拳勢。蹬出發勁之勢要「猛飛腿」，而平時演練只需緩緩蹬出。

蹬腳式及其承接式如表 6 所示。

表 6　蹬腳式及其承接式

序號	勢序	前接勢名稱	勢序	該勢名稱	勢序	後接勢名稱
1	31	左右分腳	32	轉身蹬腳	33	左右摟膝拗步
2	36	進步搬攔捶	37	右蹬腳	38	左打虎式
3	39	右打虎式	40	回身右蹬腳	41	雙峰貫耳
4	41	雙峰貫耳	42	左蹬腳	43	轉身右蹬腳
5	42	左蹬腳	43	轉身右蹬腳	44	進步搬攔捶
6	72	高探馬帶穿掌	73	十字腿	74	進步指襠捶

註：楊式太極拳中屬於蹬腳範圍的拳勢共計有六式，可見蹬腳之重要。加上左右分腳、金雞獨立和轉身擺蓮等用腿的拳勢，以及其他如白鶴亮翅、雙峰貫耳、上步七星、退步跨虎等諸多暗藏腿法的拳勢，充分說明腿法在太極拳中具有舉足輕重的地位，也足以證明楊式太極拳並非一些拳家所說的那樣，太極拳是重手不重腿的。恰恰相反，楊式太極拳特別注重腿法的鍛鍊。

透過分析可知，除「十字腿」式外，其他五式蹬腳都編排在第二節，可見楊式太極拳從第二節開始加強了腿法的訓練，並加上太極拳「五捶」中的主要四捶及左右打虎、雙峰貫耳等用捶（拳）的厲害殺著，拳腿相加，拳腳相向，重創強敵。完全符合「手是兩扇門，全憑腿打人」的拳理。也說明第二節是楊式太極拳的核心。

第三十三式　左右摟膝拗步

動作過程

（一）左摟膝拗步

1. 左腿下落，膝仍懸起，右腿漸下蹲，身體微右轉。同時，左掌內旋，向右經身前中線向左下弧形下摟至右腹前，掌心朝下；右掌外旋，弧形移向右耳。眼神稍關顧左掌下摟，隨即移視右掌（圖 154、附圖 154）。

2. 左腳向前偏左邁步，先以腳跟輕著地，隨腰左轉，左腳全掌著地，弓左腿，蹬右腿，成左弓步。同時，隨轉體勢左掌經腹前向下、向前經左膝上弧形摟至左胯旁，掌心朝下，指尖朝前；右掌內旋，經右耳向前推出，沉肘坐腕，掌緣在前，掌指上揚，掌心稍斜左前方。眼神關及左掌摟經膝上即向前平視，關顧右掌前推（圖 155、156）。

（二）右摟膝拗步

1. 腰漸左轉，左腳以腳跟為軸，足尖外撇 45°。同

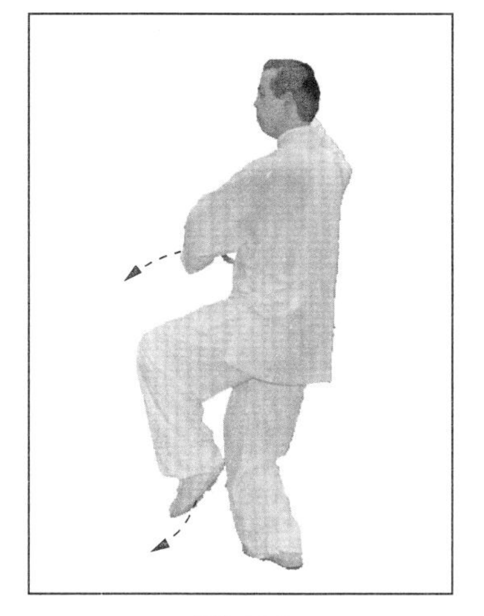

圖 154

附圖 154

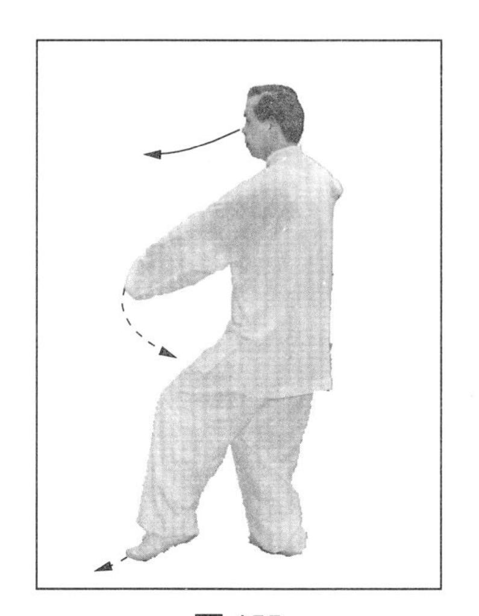

圖 155

圖 156

圖 157

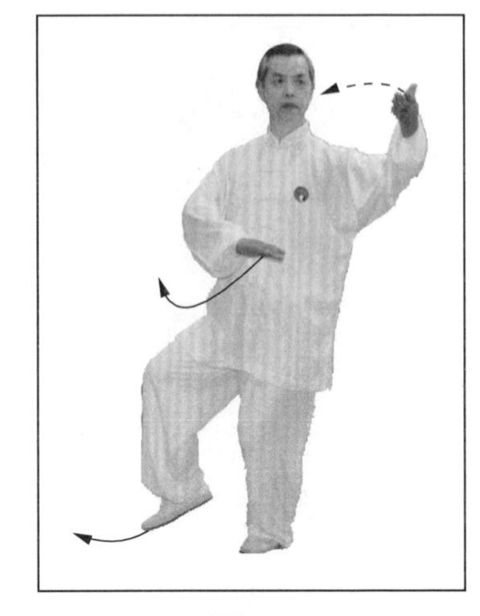

圖 158

時，隨轉體勢左掌外旋、沉肘，漸弧形向左後移，掌心漸翻朝上；右掌微外旋、沉肘，向左、向裏弧形捋轉，掌心朝左，繼而右掌內旋下移，掌心翻朝下，高與胸齊。眼神隨轉體轉移向前平視，關顧左掌（圖 157）。

2. 重心全部落於左腿，右腳向前提起，腳尖自然下垂，身體繼續左轉。同時，左掌隨勢弧形向左斜角上提，掌高齊肩，掌心翻朝前右；右掌繼續向左下落於左腹前。眼神稍關顧左掌即移視右掌（圖 158）。

3. 右腳向前偏右邁步，以腳跟輕著地，隨腰右轉，全掌落地，弓右腿，蹬左腿，成右弓步。同時，隨轉體勢右掌向下、向前經右膝上弧形摟至右胯旁，掌心朝下，指尖朝前；左掌內旋，經左耳向前推出，沉肘坐腕，掌緣在前，掌指上揚，掌心稍斜右前方。眼神關及右掌摟經膝上

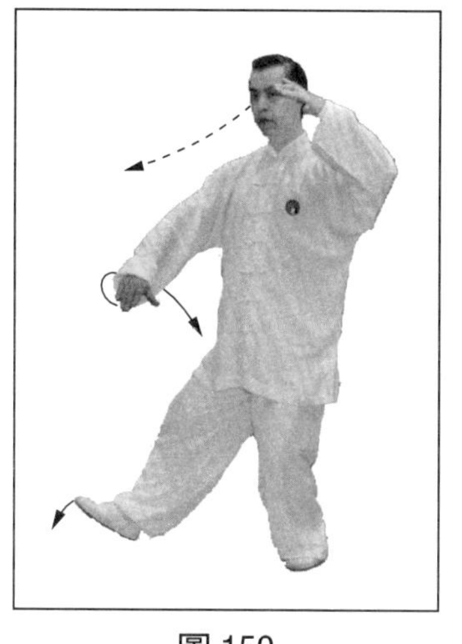
圖 159

圖 160

即向前平視，關顧左掌前推（圖 159、160）。

譜訣、技術要領、用法、注釋說明同第九式左右摟膝拗步。

第三十四式　進步栽捶

譜訣：進步栽捶破前踢，摟敵仆地腰脛擊；
上下相隨勁完整，腰沉胯鬆始得力。

動作過程

1. 身體漸右轉，右腳尖外撇踏實，重心漸移右腿，左腳向前提起（腳跟先離地），虛懸於右腳前。同時，左掌隨轉體自前向右經右胸前弧形下摟至胸前，掌心朝右下；右掌自右胯側向右、向後、向前畫平弧，隨畫弧隨外旋移

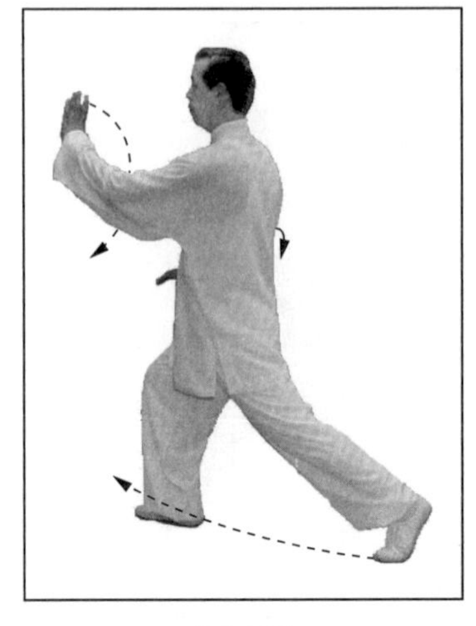

圖 161

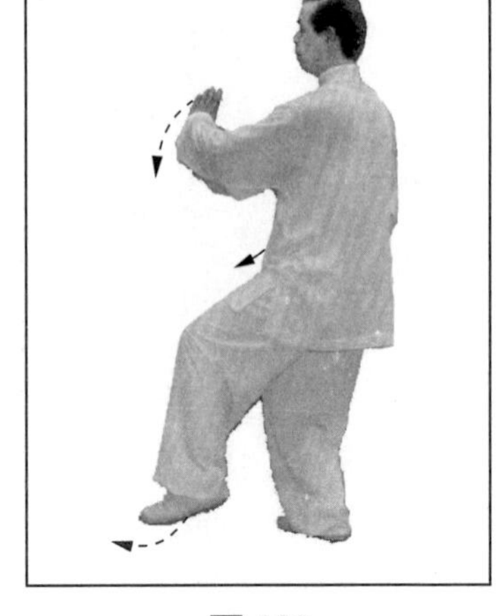

圖 162

至右腰側。眼神關顧左掌下摟（圖 161、162）。

2. 左腳向前稍偏左邁出一步，先以足跟輕著地，隨重心前移，全掌踏實，弓左腿，蹬右腿，成左弓步。身體漸左轉，沉腰胯。同時，左掌隨勢弧形而下，經左膝前摟至左胯外側，沉肘坐腕，掌心朝下，掌指朝前；右掌內旋，漸變拳向前下方打去，略低於腰，拳心朝左，拳眼朝前。眼向前視，眼神關及右拳打出（圖 163、164）。

技術要領

1. 左摟膝應在腳跟著地、重心前移弓左膝的同時進行，不要在左腳落地前，也不可在左腿弓好後摟膝。要上下相隨，弓到、摟到、拳到，齊齊俱到。

2. 右拳向前下打去之前，注意身體要保持正直。在右

圖 163

圖 164

拳下打「栽捶」時上體隨之折腰前傾，並沉腰胯。因進步栽捶原義為將敵蹬倒於地，我連步趕上，一足踏胸，一拳擊腹，故需折腰前傾。後雖改為左手摟敵腿，右拳擊敵腰間或腳脛，但仍需要折腰前傾，然而折腰時，身雖前伏，但仍不能失中正之勢。從頭部、頸部、腰部到尾閭，必須保持一條斜的直線，百會、中極、會陰一氣貫通。自始至終須注意頂勁、拔背、斂臀、沉氣、收正尾閭，而不可低頭、弓背、屈腰、凸臀。

3. 進步栽捶容易犯的毛病是，右掌自胯側向右、向後、向前畫平弧，隨畫弧外旋移至右腰側時早已變拳，違反了拳諺所說的「去時撒手，著人成拳」的原理。正確的方法是，「拳」有一個逐步形成的過程，在將要擊到位「栽」的時候才由掌握成拳。其他拳勢凡有捶法的皆循此理。

用　法

接前勢，敵用左腿踢來，我即用左手順勢向左摟去，則敵必往左仆。我即將左足同時向前一步追去，屈膝坐實。右手隨握拳，向敵腰間或腳脛捶去。右腿伸直，腰胯下沉。含胸，眼前看，尤其注意守我中土。

注釋說明

栽捶，顧名思義是用拳從上向下栽擊，其狀如將秧苗等植物栽入土中。栽捶原名「擊地捶」，原義為我將敵蹬倒，即連步趕上，一足踩胸，一拳擊腹，故須擊拳擊及地。現為摟後捶擊敵腰間或腳脛，則不必擊及地，但仍須折腰前俯。楊式太極拳注重立身中正，上體折腰前俯的動作是不多的，進步栽捶是其中之一，這就提出了「立身中正，中正不偏」和「神自然得中，中正之偏」的命題。

綜觀楊式拳的整體全局，從體用的角度來看是必須立身中正，中正不偏的，但個別勢式，因進擊敵下路的客觀需要，有時彎腰幅度不大，只要保持百會、中極、會陰一氣貫通，堅守中土，內勁中正不偏的原則，「神自然得中，中正之偏」也還是允許的。

僅以太極拳冠以「捶」名的五捶為例，搬攔捶以打中路為主；肘底捶、撇身捶以擊上路為主，當然可以輻及中路；栽捶、指襠捶主攻下路。打上、中路的拳勢，保持立身中正安舒，當然不成問題；打下路的拳勢，如一點不允許彎腰，勉強維持正直的上體，則變得過於矜持，生硬僵直了。所以，我們要「通權達變」，既要堅持「立身中正，中正不偏」的原則，又要有「神自然得中，中正之偏」的靈活。這就是矛盾的辯證統一。

此式由於步法與上勢相連而稱為「進步」，如依單勢而論，實為「上步」，故楊澄甫弟子曾昭然等命名此式為「上步栽捶」，亦通。武、孫式均作「踐步打捶」，陳式作「擊地捶」。

據曾昭然說：「向地之捶，澄甫師早年教人，係用覆拳（即拳背向前虎口向南），惟晚年教人，則係直拳。」曾詢其故，澄甫師答曰：「兩者用意全同，惟下擊用覆拳較為有力，而用直拳（即虎口向前）則次式（翻身撇身捶）用肘時轉來較有力耳。」充分說明無論是編拳或改拳，先輩們都是綜觀全局，是以用為主、體用合一為準則的，並主要考慮出拳是否有力。這和當前某些拳家唯「美」、唯「花哨」的主導思想是有本質區別的。

《太極拳體用全訣》說：「進步栽捶破前踢，摟他撲地腰脛擊」，完全秉承了《體用全書》對「進步栽捶」一式的用法總結。《全體大用訣》說「進步栽捶迎面沖」，則此勢的用法又與高探馬勢有點相似了。不同的是，敵以手腳擊我，我摟後，不是以掌而是以拳直襲其頭面。

此說一則與栽捶的形象不符，二則拳捶的「栽」法難以體現，因其已演變為「進步沖捶」了。然而脛骨的正面，又有別稱「迎面骨」的，則此訣又極符合栽捶式的體用，想此訣的原意可能就是如此吧。

圖 165

附圖 165

第三十五式　翻身撇身捶

動作過程

1. 身體直起、右轉，左足尖裏扣踏實，重心落於左腳，右腳虛踏地。同時，右拳隨勢提起，屈肘橫臂移於左肋前，拳心朝下；左掌自左向上弧形上舉於左額前上方，面朝北。眼隨轉體向前平視，眼神關顧兩手移動（圖165、附圖165）。

2. 身體繼續右轉向東，重心全部落於左腿，右腳提起。同時，左掌隨勢向右拂面，經右前臂外側弧形落下，高與右肘齊；右拳環撇向上，略高於左肘。眼隨轉體向前平視（圖166）。

圖 166

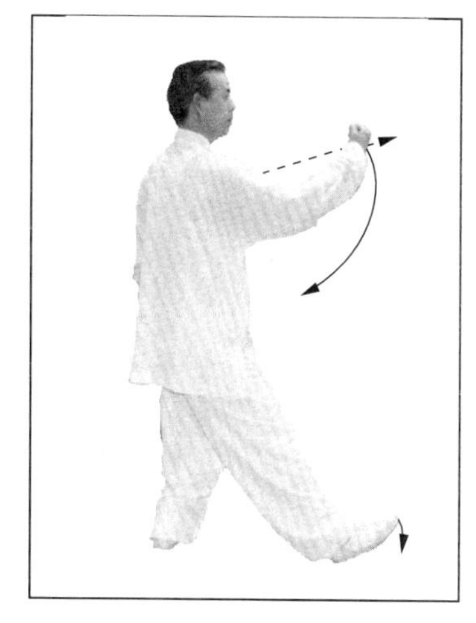

圖 167

3. 右腳向前稍偏右落下，先以足跟輕著地，漸至全腳掌踏實，弓右腿、蹬左腿，成右弓步。同時，右拳向前、向下弧形撇出，漸至拳心朝上，收於右腰側；左掌環轉經左胸前，於右前臂裏側上方向前推出。眼向前平視，眼神先關顧右拳撇出，後關顧左掌前推（圖 167、168）。

譜訣、技術要領、用法同第二十四式撇身捶。動作

圖 168

過程除動作 1 外，其餘亦同第二十四式，惟行拳路線方向相反。

注釋說明

此式陳式為「翻身二起腳」，楊式沿用「翻身」，而沒有二起腳，僅為撇身捶。其他注釋說明同第二十四式撇身捶。

第三十六式　進步搬攔捶

動作過程

1. 身體微左轉，重心漸移向左腿。同時，左肘隨轉體略下沉，左臂隨勢外旋，掌心翻朝上；右拳內旋，向前上掤擊過左掌上側，高與肩平，拳心朝下。眼神關顧右拳前掤（圖 169、附圖 169）。

其餘動作過程同第十二式進步搬攔捶（參見圖 55～58）。

譜訣、技術要領、用法、注釋說明同第十二式進步搬攔捶。

第三十七式　右蹬腳

譜訣：右拳被擒繞敵腕，兩臂合抱須圓滿；
雙手分處伊心亂，輕黏慢捌飛腿踹。

圖 169

附圖 169

動作過程

圖 170

1. 身體漸左轉，左足尖外撇踏實，左膝微屈，重心漸全部移於左腿坐實，右腿屈膝向前虛虛提起（腳跟先離地）。同時，左掌隨勢向左前上移，隨移外旋，掌心轉朝裏；右拳變掌自右前向下、向左弧形上抄，隨抄外旋，掌心翻朝裏。與左掌合抱，交叉於胸前，右掌在外。眼向右前平視，眼神關顧兩掌合抱（圖 170、171）。

圖 171

圖 172

2. 右腿繼續提膝，高於臍，隨即以腳跟慢慢向前（正東）蹬出，腳尖朝上；左腿隨右腿蹬出而漸漸起立，膝仍微屈。同時，兩掌左右分開。眼神關顧右掌分出，並通過右掌向前平視（圖 172）。

技術要領

1. 腰左轉，撇左足，兩手畫弧交叉合抱於胸前，右腿前提，都要在腰的帶動下同時進行。只有刻刻留心在腰間，在腰力的支持下，勁力才能到達肢體的各個部分，動作才不顯得呆板。雙手交叉合抱，斜向前上，切忌因離胸過近而癟塌。要坐腕舒掌，兩臂圓滿，意含掤意。這樣既能使呼吸張弛，安勻順暢，而且久練之後，又能以身領手，沾黏連隨，上下相隨，使精神融合軀體，心意順達四梢，功勁通透體態，氣血川流經絡臟腑，有利於健身和技擊。

2. 要使支撐腿的勁如纏入地下，植地生根。並在演練過程中須注意，站立的足膝關節曲而不直，足心涵空，足掌平實踏地，使勁起足根，而意上翻。上則虛領頂勁，胸部寬舒，脊椎鬆沉直豎，鬆靜挺拔；下則提襠斂臀，收正尾骶，氣沉丹田，腹部充盈。上虛下實，形成對拉拔長之勢。在變動中，不斷自覺地調整重心，從而逐漸掌握重心的正確位置，既不前俯後仰，又不左右傾側歪斜，達到一足站立的穩定，另一腿的蹬出也就可從容不迫，勁透足跟，身不搖晃了。

可見蹬腳的關鍵，在於站立支撐之腿，以支撐腿為根本，勁起足根，而勁透起腿蹬出的足跟，二腿「根跟相連，勁勁相貫」。

蹬腳時，除發勁快速出腿即收外，應按「太極拳說十要」的要求「用意不用力」。蹬腳應先提膝，把力量集中在膝關節，胯部鬆開，然後輕緩地把腿蹬出。

3. 其他技術要領參見第三十一式左右分腳和第三十二式轉身蹬腳。

用　法

接前勢，敵用左手將我右臂向左推，我右腕即順勢由敵手腕下纏繞，自右往左捌開。同時左腳尖向左稍轉、左腿坐實，身亦微左轉，起右腳向正面（東）蹬出。身亦隨之左轉向正面，兩手分開與腳相稱。

注釋說明

參見第三十二式轉身蹬腳。

第三十八式　左打虎勢

譜訣：敵勢攻來賽虎猛，披身取勢在得橫；
　　　善識側翼與襠口，下採上打喪敵魂。

動作過程

1. 左腿漸下蹲，右腳下落虛懸。同時，左掌自左向右拂面經額前弧形平移至右胸前，隨移外旋，掌心漸翻朝裏；右掌微下移至肩平，隨移內旋，掌心漸翻朝下。眼神關顧右掌（圖 173）。

圖 173

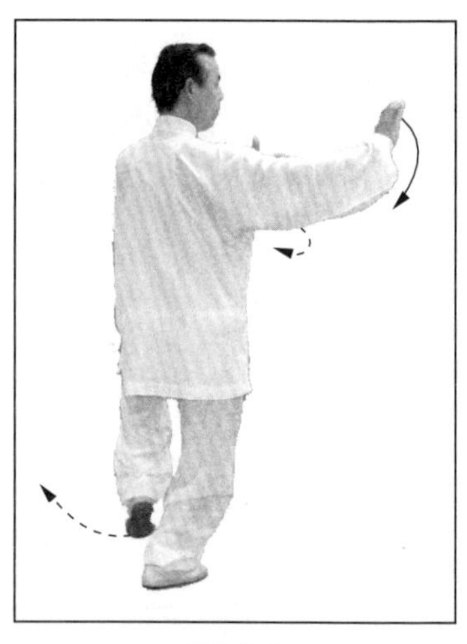

圖 174

2. 左腿繼續下蹲，右腳落於左腳內側，兩腳相距略小於肩，先以腳尖輕點地，繼而隨重心漸移於右腿而至全腳踏實，左腳隨即提起（腳跟先離地）。同時，兩掌隨重心右移於右腿繼續向右下移，左掌移經右上臂前，隨移外旋，掌心翻朝上，兩掌略低於肩。眼向前平視，眼神關顧兩掌（圖 174）。

3. 右腿下蹲，身體先左轉後微右轉，左腳向左前（西稍偏北）斜方邁步，先以腳跟著地，隨重心移向左腿而全腳踏實，弓左腿，蹬右腿，成左弓步。同時，左掌隨勢自右臂前弧形下沉，經右小腹向左膝前上反摟，臂隨之內旋再向上畫弧，掌心漸翻朝外，左掌此時漸由掌變拳（將到左額時握拳），拳心略翻斜朝外，拳眼斜向右，置於左額前上；右臂微屈，沉肩垂肘，自右向前、向左平移，屈肘橫臂，置於上腹前，隨移漸外旋，掌心漸翻朝裏，在右拳將到達胸前時掌變成拳，拳眼略斜朝裏上，拳心略斜朝裏下。左右拳眼上下基本相對。眼神先關顧左手，當左拳將到左額前上時，即向前平視（圖 175～177、附圖 177）。

技術要領

1. 右蹬腳後下落是隨左腿漸漸下蹲沉落「送」下的，即由左腿慢慢地屈膝下蹲，來控制右腿，使之輕盈緩慢地下落著地，以符合輕靈沉著的太極拳要求。同時，屈膝下蹲，重心下降，也符合「用右掌將敵左腕扼住，往左側下採」的技擊用法要求。

2. 左腳邁步要注意兩腿的虛實轉換和右腿坐實負擔全

圖 175

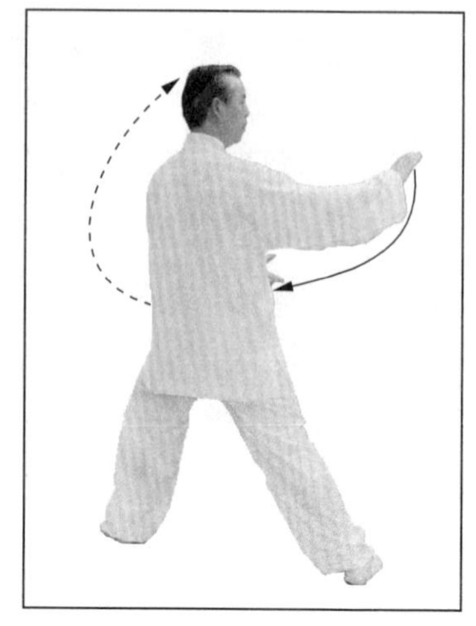
圖 176

圖 177

附圖 177

身的重量才可慢慢邁出，做到邁步如貓行。同時注意身法中正不偏，自始至終注意頂勁、拔背、斂臀、沉氣、收正尾閭。演練過程中，前進、後退、左轉、右旋，四肢動作不論如何隨腰轉換，百會至會陰始終都要維持一條垂線。

3. 腰和四肢的動作要協調圓潤，動作走螺旋，不得有缺陷，不得有凹凸，不得有斷續。兩手的弧形運轉，不得有棱角，要充分體現太極拳內勁旋繞運轉的特點。

4. 拳諺說：「去時撒手，著人成拳」。即是說拳要在擊到位、剛擊到人的瞬間，團握成拳，這樣出勁擊拳威猛有力，才能充分發揮拳的作用。所以，太極拳凡握拳的動作，如栽捶、撇身捶、搬攔捶等等，「拳」必須有逐步形成的過程。打虎勢也不例外，兩掌慢慢攥攏，待擊人到位的時候，團握成拳，兩臂圓環飽滿，兩拳相蕩相合，如羅漢伏虎，法相莊嚴，虎虎生威。

5. 打虎勢特別要注意動作方向、上下內外，皆須合度。左打虎的左腳落地，右打虎的右腳落地，剛好是相反的兩個斜角，前者是西北，後者是東南。左打虎定勢是左足斜向西北，身體面北偏西，眼神平視轉移由西南移向西北；右打虎定勢是右足斜向東南，身體面南偏東，眼神是西南移向東南。所以，西南方向是左右打虎勢眼神和兩臂掄環的各自的起始之處，也是它們的結合交匯之處。這一點是要引起注意的。

一旦兩臂從此處掄拳出勁，就要注意做到膝弓到、拳到、身到、眼神到。不能膝已弓到而手還在畫弧，或兩拳已到位，而弓步尚未形成。因這樣就無法做到「內則一心，外則一身」「靜則穩如泰山，動則拳彌六合」了。行拳若不能「拳彌六合」，勢必腰腿各自為政，自行其是，上下不能相隨，手眼身法步散亂，從而造成周身不能節節貫穿，內勁無以聯貫完整，自然也就進退失據，閃賺失誤，騰挪失靈，失機失勢了。左右打虎是以退為進的兇猛殺著，做不到這一點也就無兇猛可言。

用　法

接前勢，如敵由我左前方，用左手打來，我將右足落下與左足併齊，左右手隨向左側轉，左腳往左前踏出，屈膝坐實，右足變虛，成左弓步，面向北方。兩手同時蕩拳隨往左側，以右掌將敵左腕扼住，往左側下採，至與胸部相對，左拳由左外翻上，轉至左額旁，手心朝外，急向敵頭或背部擊去。

注釋說明

打虎勢分左打虎勢和右打虎勢，僅是左式右式而已，用法並無二殊。此式是拳術中以退為進的最猛烈殺著之一，因其勢如武鬆打虎，如羅漢伏虎，故名。《太極指掌捶手解》一文說：「如其用者……打，捶也。」所以打虎勢之「打」也可作「捶」解。當然，這裏的「捶」作動詞用，就是以「捶」擊「虎」。此式一名「披身伏虎」。楊澄甫的南宗傳人曾昭然認為：舊名披身伏虎，實不可解，以其動作象形言，應改為「左右披紳縛虎」。然未被世人所接受。今 88 式及孫式仍沿用「披身伏虎」，武式簡作

「伏虎勢」，陳式名「打虎勢」，又名「獸頭勢」或「護心捶」。第二路另有「伏虎」，與楊式「打虎勢」對照，較第一路「獸頭勢」更為近似。

據傳「打虎勢及雙峰貫耳二式，在舊太極拳中無此二目，為楊班侯先生所增加」（見吳圖南著《太極拳》一書，1957 年再版自序，商務印書館出版）。若此說成立，說明此二式非楊祿禪所留傳。在卞人傑《國技概論》（1936 年正中書局）所輯《陳氏世傳太極拳譜》中亦無此二式。這說明《陳式太極拳》一書中的「獸頭勢」（又名打虎勢），也可能係後人所增益而成。

「打虎勢」一式或因未冠以「捶」名，或因舊太極拳中所無，所以未列入太極「五捶」之內。《太極指掌捶手解》說：「夫捶有『搬攔』，有『指襠』，有『肘底』，有『撇身』，四捶之外有『覆捶』。」「覆捶」，即「栽捶」。所謂「太極五捶」典出於此。後人以此五捶而創編「太極五星捶」套路，流傳於世。

而楊式太極應用捶法的還有「上步七星」（十字手）「彎弓射虎」及拳掌互變的「白蛇吐芯」，加上「打虎勢」和「雙峰貫耳」，恰好也是五勢，可稱未冠以「捶」名的另類「五捶」。楊式太極拳之捶實有十捶之多，所占的比重是很重的。有人說楊式太極重掌不重「捶」，這種說法恰當與否，是值得商榷的。

《太極拳體用全訣》說：「左右打虎勢威武，下採上打披身退。」說明左右打虎勢的正統用法是下扼住敵腕後沉採，上以拳擊敵頭或背的以退為進、退後復進的兇猛殺著。《體用大全訣》則說：「左右披身伏虎精，上打正胸肋下用。」說的是該勢的另一種著法，往上打敵的胸部，往下可以打軟肋。而曾昭然則說：「有不知其作用而始終握兩拳上下擊者，非。」即是說握兩拳上下擊人是不正確的。說明同一拳勢，各人的理解也是有差異的。曾昭然又說：「此式，澄甫師早年教人，兩掌牽動時皆覆掌，至兩拳在胸前相對時兩虎口相對，晚年教人，兩掌變陰陽掌，兩拳虎口異向。余嘗詢其故，承答前後用意全同。所以用陰陽掌者，示只須一手採拿而已；所以使兩虎口異向者，只須一手採拿且其勢較順而已。」（曾昭然著《太極拳全書》友聯出版有限公司出版）可見楊澄甫晚年定型的打虎勢，是採用後者的。

第三十九式　右打虎勢

動作過程

1. 左足尖裏扣坐實左腿，身體漸右轉，右腿漸變虛。同時，兩拳隨轉勢變掌，左掌略沉稍弧形下落，掌心朝下；右掌外旋，掌心翻朝上，稍向左移於左上臂前。眼稍關顧左掌，即隨轉體平視（圖 178、附圖 178）。

2. 身體繼續右轉後微左轉，右腳提起，腳跟先離地，然後向右前（東南）斜方邁步，先以腳跟輕著地，隨重心漸移向右腿全腳踏實，弓右腿，蹬左腿，成右弓步。同時，右掌隨勢自左臂前弧形下沉，經左小腹向右膝前上反摟，臂內旋向上畫弧，掌心漸翻朝外，右掌此時漸由掌變

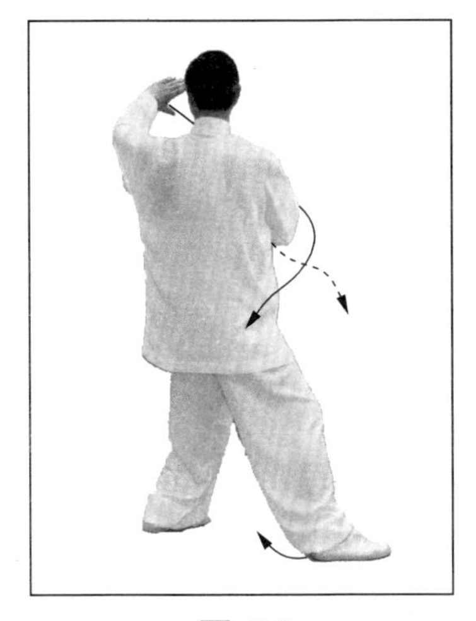

圖 178

附圖 178

拳（將到右額時變拳），拳心略翻斜朝外，拳眼斜向左，置於右額前上；左臂微屈，沉肩垂肘，自左向前、向右平移，屈肘橫臂，置於上腹前，隨移漸外旋，掌心漸翻朝裏，在左掌將到胸前時，掌漸變成拳，拳眼略斜朝裏上，拳心略斜朝裏下。右左拳眼上下基本相對。眼神先關顧右手，當右掌將到右額前上時，即向前平視（圖 179、180）。

技術要領

1. 扣左足，兩拳變掌，腰右轉，提右腿，要同時進行，要意存動之先，心之一動，百骸無有不動。扣足要充分，扣足一充分，則使胯根收進，腰裏擰，身體的旋轉也就自如了。

2. 兩腳要虛實分明，左腿坐實、右腳虛之，右腳向右

圖 179

圖 180

前邁步要「後（左）腳送前（右）腳」「實腳送虛腳」，做到左腳蹲右腳伸，邁步如貓行，落腳毋有聲。

譜訣、其他技術要領、用法、注釋說明同第三十八式左打虎勢，惟動作方向相反。

第四十式　回身右蹬腳

動作過程

1. 身體漸左轉，左腳以前腳掌為軸，腳跟裏磨踏實，腳尖朝北偏東，重心漸移向左腿。同時，左拳漸內旋，隨轉體向左平移；右拳向右弧形下移，此時兩拳開始鬆握，拳心朝外。眼隨轉體平視（圖 181）。

2. 重心漸全部移於左腿坐實，右腳提回。同時，兩拳漸變掌，左掌外旋隨勢向左前上移，掌心翻朝裏；右掌自

圖 181

圖 182

右前向下經腹前向左弧形上抄，隨抄外旋，掌心翻朝裏，與左掌合抱，交叉於胸前，右掌在外。眼向右前平視，眼神關顧兩掌合抱（圖 182）。

3. 右腿屈膝提起，高於臍，隨即腳跟慢慢向前（正東）蹬出，腳尖朝上；左腿隨右腿蹬出而漸漸起立，膝仍微屈。同時，兩掌左右分開。眼神關顧右掌分出，並通過右掌向前平視（圖 183）。

圖 183

譜訣、技術要領、用法、注釋說明同第三十七式右蹬腳，惟與前勢銜接方法略不同。

第四十一式　雙峰貫耳

譜訣： 雙峰貫耳雙環捶，疊而後攢步要追；
靈活運用莫拘泥，他勢我用亦可為。

動作過程

1. 右腳漸下落，右膝提起，腳尖自然下垂。以左腳跟為軸，身體右轉 45°（向東南斜方），左腳尖隨勢向右裏扣落實。同時，兩掌外旋，隨轉體各自左右弧形移至胸前，屈臂、沉肘，兩臂成弧形，兩掌以拇指一側為準，相距同肩寬，掌心翻朝裏上。眼睛隨轉體平視，眼神關顧兩掌合攏（圖 184）。

2. 左腿漸下蹲，右腿向前（東南）邁一步，先以腳跟著地，隨重心漸移向右腳全腳踏實，弓右腿，蹬左腿，成右弓步。同時，沉肘帶動兩掌自前向下經右膝兩側向左右畫弧，接著兩臂內旋，兩掌弧形翻向上，在擊到前上方時變拳，虎口相合勾擊，兩臂環成鉗狀，兩拳高與耳齊，兩虎口相對（相距約 20 公分）。眼向前平視，眼神關及兩拳（圖 185～187）。

技術要領

1. 右腳下落、右膝提起，兩掌弧形移至胸前、沉肘外旋，以左足跟為軸轉身，都要一起進行，一動無有不動，

圖 184

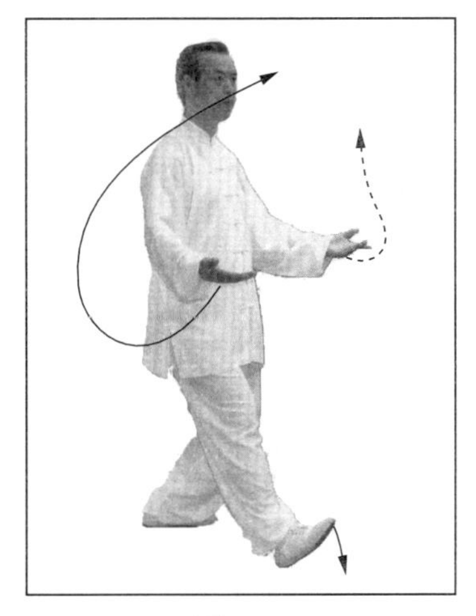
圖 185

圖 186

圖 187

轉身時虛領頂勁，氣沉丹田，尾閭中正，立如平準，不偏不倚，轉動也就活似車輪了。

2. 轉體後，左腿須下蹲，身體須鬆沉，以兩肘下沉帶動兩掌下落，而右腿須有上提之意。這樣有利於收住左胯，為站穩左腿，使之植地生根打好基礎。同時，也有利於收好右胯，為輕靈而節節貫串地邁右腿創造條件。從技擊上說，如左腿不屈，身體不沉，只用兩手背將敵兩腕往左右疊住，其力量有限。如以身體和兩肘的沉勁加於兩手，以兩肘下沉之勁帶動兩掌下落，力量也就大了，這就是所謂「周身一家是整勁」。

3. 邁右步時要坐實左腿，右胯根內收，然後以左腿漸下蹲來控制右足前邁，舉步輕靈，尤須貫穿。以左右腰隙交替抽換來分虛實，虛實分清，使左腿似植根入地，右腿前邁也就速度均勻，舉步輕靈，節節貫穿，不致發生落地前衝，狀如打夯的情況了。這就是「練法十要」所說的「不強用力，以心行氣；步如貓行，上下相隨；呼吸自然，一線串成；變換在腰，氣行四肢；分清虛實，圓轉如意」。

4. 整個動作不能停頓，要連貫，要周身相隨。轉體向東南後，左腳下蹲，兩掌收回下移，不可為維持重心穩定而使其他動作停頓。從技擊上說，轉體後緊接著就是把對手自右側擊來的兩手腕左右分開。如動作停頓，早就為敵所乘，其拳早就擊至我身。這就是拳論說的「周身節節貫串，勿令絲毫間斷耳！」

5. 兩虎口相對貫去時，手臂不要伸直，仍須保持弧形。身體要保持中正，切勿前傾探出。楊式太極拳視身法中正為身法第一要素，這是因為它是拳勢姿勢的準則，是人體運動時下盤穩固的基本條件之一。如果不以中土為樞機之軸，不能維持動作在任何角度、任何方向上的「身正」，則必不能尾閭正中神貫頂、滿身輕利頂頭懸，勁力必不能由脊而發，發出的勁也決不能均衡完整、專注一方。拳術運動的實踐告訴我們，如果不符合立身中正這一客觀真理，那麼，人體在拳術運動中就難以穩定，即使不傾跌倒地，也無法克敵制勝。

6. 兩掌向前上環弧，自下翻向前上勾擊時再變拳，兩拳虎口相對貫去要與身法及步法（右弓步）協調一致，上下相隨，手到、身到、腳到、一到俱到。兩拳勾擊，也要用整體的勁，即襠勁下沉，骶骨堅實有力，其根在腳，發於腿，主宰於腰，形於手指，由腳而腿而腰，通達於脊，貫於兩拳，總須完整一氣，周身節節貫串，勿令絲毫間斷。發勁沉著鬆淨，專注一方。步趨身擁，身既略有進攻之意，亦有對拔之勢。

用　法

接前勢，敵自右側用雙手打來，我轉身施沉勁速將兩手背由上往下，將敵兩腕往左右分開疊住。隨之兩手漸握拳，由下往上向敵人雙耳以虎口相對貫去。右腳同時向前落下變實，身略有進攻之意。

注釋說明

「雙峰貫耳」，貫者，摜也，喻兩臂成鉗狀，兩拳虎口相合摜擊敵雙耳，形如雙峰雄峙，飛貫敵耳，故名。亦有拳家認為，兩手握拳後，各指掌間的關節形成凸陷，一如起伏連綿的山峰，而兩拳食指掌指間的關節如「奇峰突起」，則為「雙峰」。雙拳夾擊敵雙耳，是為雙峰貫耳。雙峰貫耳，一作「雙風貫耳」，因其勢如驟雨旋風貫耳而得名。

如前第三十八式左打虎勢的注釋說明所述，據傳「打虎勢及雙峰貫耳二式，在舊太極拳中無此二目，為楊班侯先生所增加」。如李亦畬傳抄的《各勢白話歌》裏就無雙峰貫耳勢。楊家藏本《十三勢名目》，實即楊氏太極拳譜，惟譜係楊氏早期拳譜，該譜至少是楊班侯、楊健侯時代的，甚至可能是楊祿禪定的楊氏初期譜子，亦無「打虎」和「雙峰（風）貫耳」勢。疑「雙峰貫耳」勢係由外家拳「武松脫銬」勢所衍變，該勢擬武松遭人陷害，頭及雙手鎖上木枷後，在飛雲渡以兩拳自上而下分擊右膝脫銬後，以兩拳貫擊敵耳而得名。此勢招式兇猛狠毒，著著致人性命，係班侯成名之拳，習者慎用之。

《太極拳體用全訣》說：「雙風貫耳雙環捶，疊而後摜步要追。」簡潔明瞭地說明了雙峰貫耳的經典用法是以雙拳環摜敵耳，步驟是，先以兩手背疊住敵兩腕，然後摜擊，摜擊時要步趨身擁，才能得勢得力。《全體大用訣》說：「雙風貫耳著法靈。」著者，招也。說明此勢看似兇猛，然而用法變化多樣，是一種非常靈巧和實用的招式。與敵對陣者應不拘陳規，靈活多變地使用此勢，獲得出奇不意的制勝效果。如傅（鍾文）沈（壽）兩導師，就常以掌代拳，疊而後摜，以雙掌拍擊敵雙耳。與之對陣「吃了耳光」，還不知怎麼回事。當然拍擊是輕輕的，僅以示「警告」而已。

第四十二式　左蹬腳

動作過程

1. 身體微右轉，右腳尖外撇踏實，重心漸全部移到右腿，左腿向前屈膝提起（腳跟先離地）。同時，兩拳變掌，沉肘坐腕，向左右兩側弧形下落，然後兩掌漸外旋，經腹前向前上畫弧合抱，交叉於胸前，左掌在外，兩掌心朝裏。眼先關顧兩掌畫弧，當兩臂將交叉即向左平視（圖188、189）。

圖 188

圖 189

2. 左腿繼續提膝，高於臍，隨即以腳跟緩緩向前（正東）蹬出，腳尖朝上；右腳隨左腳蹬出而漸漸起立，膝仍微屈。同時，兩掌左右分開。眼神關顧左掌分出，並通過左掌向前平視（圖 190）。

圖 190

用　法

接前勢，敵自左側脇部擊來，我急用左手將敵右手背沾住，由裏往外挒開。同時提左腳向敵脇腹部蹬去。

譜訣、技術要領、注釋說明同第三十七式右蹬腳，惟方向相反。

第四十三式　轉身右蹬腳

譜訣：形似松鶴單腿立，上鉚下取常蹬膝；
足掌為軸轉自由，轉身蹬腳連環踢。

動作過程

1. 右腳跟稍離地，以右腳掌為軸，身體輕靈地向右後轉，左腳隨勢自左向前、向右後擺，下落於右踝內側，先以腳尖著地，隨重心漸移於左腿全腳踏實，隨即左腿微下蹲，右腳提起。同時，兩掌隨轉體漸外旋自左右兩側向前弧形合

圖 191

圖 192

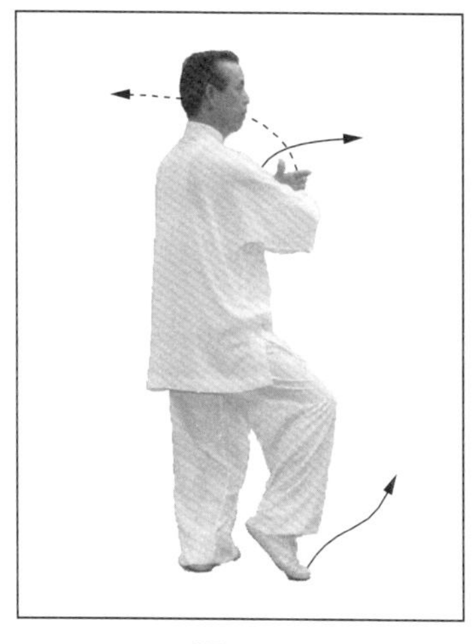

圖 193

附圖 193

抱，交叉於胸前，右掌在外，掌心皆朝裏。眼隨轉體平視轉移，眼神關顧兩掌合抱（圖 191～193、附圖 193）。

2. 右腿繼續提膝，高於臍，隨即以腳跟慢慢向前（正東）蹬出，腳尖朝上；左腿隨右腿蹬出而漸漸起立，膝仍微屈。同時，兩掌左右分開。眼神關顧右掌分出，並通過右掌向前平視（圖 194）。

圖 194

技術要領

1. 此勢的轉身以腳掌為軸轉動，有別於他勢蹬腳以腳跟為軸的轉動，這一點是要引起注意的。

其他技術要領參見第三十一式左右分腳、第三十二式轉身蹬腳和第三十七式右蹬腳。

用　法

接前勢，敵從左後側擊來，我即將身體往右後旋轉，避開敵勢，兩手隨轉身合收於身前，急用右手腕沾住敵肘腕，自上向下、向右捌出。同時，提右腳蹬敵脇腹，左右手隨向左右分開。

注釋說明

《各勢白話歌》說：「踢腳轉身緊相連，蹬腳上步搬攬（一作攔）打。」《全體大用訣》說：「左蹬腳踢右蹬勢，回身蹬腳膝骨迎。」都說明轉身右蹬腳與前勢左蹬腳組成連環腿法，也說明一個連環腿後緊接下一個腿打連環的「進步搬攔捶」。著著連環，步步進逼，敵受此上卸下取，連環進擊，莫不倉皇失措。同時也說明蹬腳主要是踹敵肋、腹、脇、膝。

轉身右蹬腳的連環腿法是左蹬腳後，敵轉從後左側翼襲擊，我迅速右轉，左足落地站穩，即起右腿蹬其腹脇等處，此落彼起，連環進擊。拳諺說：「手是兩扇門，全靠腿打人。」轉身右蹬腳，上以兩手左右分展以稱蹬腳之勢兼驚敵，下以連環蹬腳以擊敵。而進步搬攔捶則以右足向前橫蹬下踩，左足前邁踢臁或套腳以擊敵，亦屬腿打連環之法。楊式太極拳的腿打連環法並非罕見，豈止僅此二式而已。《沈子拳法》中指出：「因敵用術，最要變通。」「兵無常勢，水無常形，臨陣拳鬥，宛如水行。」「自古手搏，原無定法。法即是變，通即是法。」又說：「著變手變，神活在先。」「神龍隱現，瞬息萬變；克敵制勝，全在一變。」什麼時候用什麼著，一切都要視敵我雙方的形勢來變通。

第四十四式　進步搬攔捶

動作過程

1. 左腿漸下蹲，右腿下落提膝，腰微右轉。同時，右掌變拳，前臂微內旋，自右向下經腹前弧形左繞，屈肘橫前臂移於小腹前，拳心朝下；左掌隨勢稍下沉，即自左向

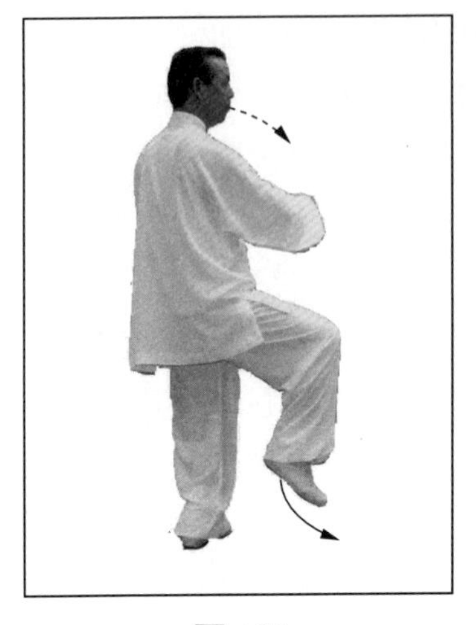

圖 195

附圖 195

前弧形微向上（手指高不過肩）畫弧，掌心斜朝右下。眼神稍關顧右拳左繞，即漸向右平視（圖 195、附圖 195）。

2. 重心仍在左腿。同時，右拳繼續向左下移至左小腹前，復向前、向上稍繞，拳眼朝裏上，拳心朝裏下；左掌繼續自左向前、向上畫弧，高不過耳，隨畫弧微內旋豎掌，掌心斜朝右。眼神稍顧右拳，即向前平視（圖 196）。

圖 196

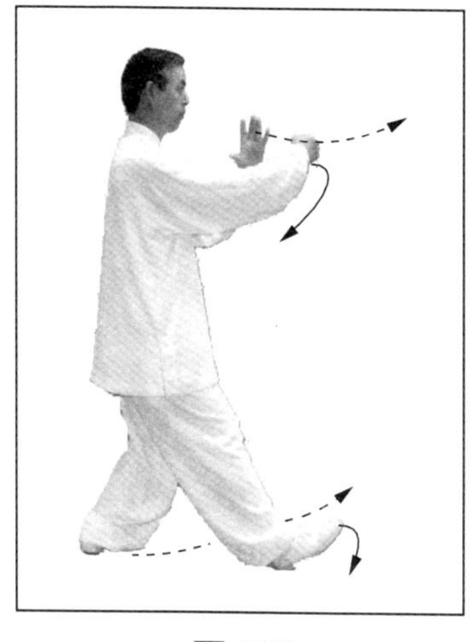

圖 197

圖 198

3. 身體漸右轉（向東），右腳向右前（略偏東南）邁出一步，先以腳跟著地，腳尖外撇。同時，右拳外旋向上、向前搬出，拳心漸翻轉至拳眼朝上；左掌根隨勢移護於右腕裏側，兩手高齊肩。眼神關顧雙手，即向前平視（圖 197）。

4. 身體繼續右轉，右腳掌踏實，重心漸全部移於右腿，左腿前邁虛懸。同時，隨轉腰勢右臂外旋向右下搬，並漸向下微弧形抽回，拳心漸朝上；左掌隨勢微內旋坐掌，經右前臂裏側向前攔（圖 198）。

5. 身體繼續微右轉，左腳向前直線邁出，腳跟著地，右腿襠勁略沉。同時，左掌隨勢平直向前攔格，沉肘、坐腕、立掌，掌緣向前；右拳弧形收回右腰側，肘尖不露背，拳心朝上。左掌勁往前發，右前臂外側和拳用意貫勁

圖 199

圖 200

沉住，左掌與右肘成對拉之勢。眼神關顧左掌前伸攔格（圖 199）。

6. 身體微左轉，重心漸移於左腿，全腳踏實，弓左腿，蹬右腿，成左弓步。同時，右拳內旋隨勢向前擊出，拳眼朝上；左掌微向胸前裏收，坐腕、指尖斜朝上，掌心朝右，移護於右前臂近腕處，似貼非貼，助右拳前擊勢（圖 200）。

譜訣、技術要領、用法、注釋說明同第十二式進步搬攔捶。

第四十五式　如封似閉

譜訣、動作過程、技術要領、用法、注釋說明與第十三式如封似閉相同（參見圖 59～62）。

第四十六式　十字手

譜訣、動作過程、技術要領、用法、注釋說明與第十四式十字手相同（參見圖63～66）。

第四十七式　抱虎歸山

譜訣、動作過程、技術要領、用法、注釋說明與第十五式抱虎歸山相同（參見圖67～78）。

第四十八式　斜單鞭

動作過程

1. 重心仍在右腿，身體左轉約135°（向南），右腿以腳跟為軸，足尖微翹，隨勢以實腳碾轉，足尖內扣約135°踏實。同時，兩肘稍屈沉，兩手隨轉體漸漸俯掌平抹，向左抹轉半個平面橢圓（向南），兩掌與肩等高。眼隨轉體向前平視轉移，眼到手到，眼神顧及右掌（圖201、202）。

圖201

2. 身體左轉約70°（向東），隨轉體勢兩掌俯掌倒平抹，經胸前向右斜前方抹轉半個平面橢圓（向東），高與肩

圖 202

圖 203

平。眼隨轉體平視轉移，眼神顧及右掌（圖 203）。

3. 身體右轉，重心全部落於右腿，左足以左前掌為軸向裏碾轉，足跟提起，足尖虛點地。同時，右臂漸向右斜方（西）伸展，隨伸展勢五指尖下垂撮攏成吊手；左臂稍前伸外旋，左掌心朝裏，手指近右手腕部，與右胸齊。眼隨轉體向前平視轉移，眼神顧及右手展出（圖 204）。

圖 204

4. 身體左轉，右吊手仍鬆肩右伸，左腳隨勢向左（東

圖 205

圖 206

南）邁出，足跟先著地，隨重心左移全掌踏實，右腿蹬，左腿弓，成左弓步。同時，左掌漸移至與口齊，拂面後內旋，將掌心翻朝略斜向前揮出。眼平視隨左掌左移（圖205、206）。

譜訣、技術要領、用法同第四式單鞭。

注釋說明

1. 斜單鞭勢的「斜」，僅指動作定勢方位（東南），而非拳勢形象姿勢的傾斜。楊式太極拳中，尚有「斜飛勢」冠以「斜」名。亦有拳家因「抱虎歸山」勢，從形式到用法、內容類同摟膝拗步勢，而把他視作「斜摟膝拗步」。凡此「斜」皆指拳勢定勢方位，身法是斷斷斜不得的。有拳家望「斜」生義，行拳東倒西斜，尤其是「斜飛勢」，縱情「斜」飛，陶然其中，美其名「斜中求正」，貽笑方家。

2. 其他注釋說明同第四式單鞭。

第四十九式　野馬分鬃

譜訣：野馬分鬃奔向前，手腳並用肩靠飛；
　　　連環套跌攻腋下，雙手分挒意在先。

動作過程

（一）右野馬分鬃

1. 身體右轉，左腳尖裏扣踏實，重心漸全部移於左腿，右腳收回經左踝關節側向前提起虛懸。同時，左掌微內旋，向右屈肘弧形移於左胸前，掌心斜朝下；右吊手變掌外旋，自右向下、向左弧形抄至腹前，掌心翻至斜朝上，與左掌相合，兩臂皆呈弧形。眼神關顧左掌（圖 207）。

圖 207

2. 右腳緩緩向右前邁出，先以足跟著地，隨重心漸前移於右腿全腳踏實，弓右腿，蹬左腿，成右弓步。同時，右掌掌心斜朝上，隨勢向右上方以橈骨一側弧形挒出，高與眉齊；左掌向左弧形下採至左胯旁。眼神關顧右掌挒出，並稍先於右掌到達右前方（圖 208）。

（二）左野馬分鬃

1. 身體微右轉，右腳尖外撇踏實，重心漸全部移於右腿，右腿坐實，左腳經右踝關節內側向前提起虛懸。同時，右掌內旋，隨勢屈肘弧形移於右胸前，掌心漸翻至斜朝下；左掌外旋，向右弧形抄至腹前，掌心漸翻至斜朝上，與右掌相合，兩臂皆成弧形。眼隨轉體平視轉移，眼神關顧右掌（圖 209、210）。

2. 身體漸左轉，左腳緩緩向左前邁出，先以足跟著地，隨重心漸前移於左腿全腳踏實，弓左腿，蹬右腿，成左弓步。同時，左掌掌心斜朝上隨勢向左上方以橈骨一側

圖 208

圖209

圖 210

圖 211

弧形捌出，高與眉齊；右掌向右弧形下採至右胯旁。眼神關顧左掌捌出，並稍先於左掌到達左前方（圖 211）。

（三）右野馬分鬃

1. 身體微左轉，左腳尖外撇踏實，重心漸全部移於左腿，左腿坐實，右腳經左踝關節內側向前提起虛懸。同時，左掌內旋，隨勢屈肘弧形移於左胸前，掌心漸翻至斜朝下；右掌外旋，向左弧形抄至腹前，掌心漸翻至斜朝上，與左掌相合，兩臂皆成弧形。眼隨轉體平視轉移，眼神關顧左掌（圖 212、213）。

2. 身體漸右轉，右腳緩緩向右前邁出，先以足跟著地，隨重心漸前移於右腿全腳踏實，弓右腿，蹬左腿，成右弓步。同時，右掌掌心斜朝上隨勢向右上方以橈骨一側弧形

圖 212

圖 213

圖 214

圖 215

挒出，高與眉齊；左掌向左弧形下採至左胯旁。眼神關顧右掌挒出，並稍先於右掌到達右前方（圖 214、215）。

3.以後的左右野馬分鬃，動作過程相同，惟方向不斷更換。

技術要領

1.歌曰：「野馬分鬃奔向前，連環套跌夾叉飛。」其一，說明此勢兩手的分挒，猶如野馬奔騰中迎風分鬃，左右披瀉分挒，發力在腰，上下九節勁，節節腰中發。腰力運用得當，才能使發出的勁均衡完整，專注一方。

其二，說明野馬分鬃所用的弓步是進身套步，即把我的前腳套在對方前腳的外側（進步宜深），但雙方必須形成「順步」（即用我左腳套彼右腳，或以我右腳套彼左腳），才能合勢。這種弓步的橫距比「摟膝拗步」等勢所採用的標準弓步會寬一些，而相對的直距就會略短。這是由實際的用途所決定的。如弓步的橫距太小，則根本無法套步，也就無法分挒，因步法、步型是由著法所決定的，必須與相應的著法相適配。同時如橫距太小，就會自立不穩，拳諺說：「自立不穩，如何發人；下盤不靈，何來輕靈？」這樣就不能使分挒的手出勁有力，也就達不到挒的效果。

其三，說明弓腿進身必須在前挒手與弓出腿之間形成夾叉之勢。即我以前腿邁進敵前腿外側身後，以前臂進抵其胸後，在我前挒手與弓出腿之間形成夾叉之勢。即挒手與弓腿上下間形成一個移位的樹丫叉形勢，憑藉步趨身擁、腰腿齊發的肩膊前靠之勁，勢如野馬分鬃奔騰，勢湧勁沖，勁起腳根，由腳而腿而腰而脊而手，完整一氣，將敵的根力拔起，叉夾擲跌出去。而不能光靠手的局部挒勁，因局部的勁是無能為力的。

2. 左右野馬分鬃的次數為奇數，一般為三或五次。以右勢始亦由右勢終，動作雖分左右，但每勢之間不能分割停頓，而是要勢勢相承，著著貫穿，一勢緊接一勢、連貫圓活。但也要避免一勢之手足等尚未到位，就接下一個動作，致使動作走過場。

3. 前分挒手的路線是先向前再向外（右手偏右，左手偏左）。這是因為野馬分鬃用的是挒手，屬奇法。而挒勁的先決條件是將敵的根力鬆動拔起。所以須先憑藉腿腰齊發的肩膊前靠之勁將敵根力鬆動拔起，這樣手隨身走，必是先向前，待敵的根力鬆動，再向外施以挒勁，如此方可起到「四兩撥千斤」的技擊效果。

4. 動作要做到開合有序，上下相隨，勁力通透順達，心、意、氣、勁、神完整歸一。陰陽相濟，虛實分明。不僅身、手、步要求分清虛實，而且要求內部和外部的虛實轉換相一致，尤其需要注意兩腿的虛實轉換和腰襠的虛實變換相協調。

轉換得越細膩、配合得越協調，意氣就越換得靈，就越會「氣遍身軀不稍滯」，動作乃有圓活之趣。所以，演練者一定要做到全身鬆沉，正中挺拔，頭虛頂，襠提落，鬆腰落胯，屈膝下蹲，實腿（腳）碾轉，一腿坐實，另一腿才緩緩提起慢慢邁出，在腳跟未落地前，重心不能改變，做到起落輕盈，邁步如貓行。

用　法

野馬分鬃右勢：接前勢，敵自右側，用左順步按勢按我右臂，我即將身體右轉，隨以右手將敵左右腕黏住，用左手採拿其右腕，同時進右步套其左足外側，我右手臂從彼腋下經胸前向右前分挒，弓腿進身連肩靠，勢湧勁沖，將敵的根力拔起，叉夾擲跌出去。此時左手亦稍向後分開，用沉勁以稱右手之勢。

左勢用法相同，惟方向相反。

注釋說明

野馬分鬃顧名思義，是喻此勢演練時，肢體舒展，兩手隨步連續進步套合，交替地前後分挒，上下掤採，其神態、意姿、氣勢、形象，宛如野馬奔騰，迎風分鬃，忽左忽右，忽上忽下向兩邊分飛披挒，奔放流暢，氣勢磅礴。故名。

楊式野馬分鬃定勢的外形姿勢與斜飛勢相同，只是方向不同。斜飛定勢斜隅，為開勁，主採挒，左手採，右手挒，為奇法。而野馬分鬃定勢正西，除連續套步採挒外，加上了野馬「奔騰」向前，手腳叉夾，肩膊前靠的內容、形象更為姿肆狂烈，雖亦為開勁，卻主採、靠、挒。左（右）手採，右（左）肩靠，右（左）手挒，亦為奇法。但由於它採用了靠勁，而且是手腳順步叉夾的靠勁，運用了平行四邊形合力的原理，從技擊技術的角度來看，野馬分鬃勢要難得多了。野馬分鬃一式實是非常實用、非常犀利，很難掌握的一式。

筆者一拳友，名重一時，思慕經年，想明白此勢的體用，由筆者介紹與趙老師推手，專式體驗，方得此勢之妙處。感慨曰，習拳非明（名）師指點、好友切磋不可，否則枉費心機。

既然野馬分鬃一式是較難掌握的，那麼，為什麼按照由簡到繁，由易到難的原則，對已在群眾中流行的太極拳進行改編、整理的，便於群眾掌握、易學易懂的 24 式簡化太極拳，卻把「野馬分鬃」一式放在「起勢」之後呢？

正如太極拳專家沈壽老師所說：「至於 24 式簡化太極拳在起勢後接做『野馬分鬃』，從肢體動作的角度看是『由簡入繁』『由易而難』，而若從技擊方法的角度分析，『野馬分鬃』用的是挒手，屬奇法，如果沒有『四正』的基礎功夫而徑入『四隅』，在技擊上就成了『由難入易』了。這說明古今對這種拳路的編套和佈局的主導思想不同。明乎此，才能客觀地評價這兩種不同的編套方法。」沈壽老師的批評實在是婉轉而又中肯的。

《各勢白話歌》說「野馬分鬃往前進」，《全體大用訣》說「野馬分鬃攻腋下」，《太極拳體用全訣》說「野馬分鬃腋下展，鬆手一分把敵摧」。精闢地敘述了野馬分鬃進步套插，腋下分挒，依仗陰陽兩種力量的旋轉變化，不失時機地進步占勢，連續環擊以摧敵，充分顯示了「妙手一著一太極」的特點。

第五十式　攬雀尾

動作過程

（一）左掤

圖 216

1.身體微右轉，重心漸全部移於右腿，左腳離地前提。同時，右掌漸內旋，隨勢屈肘下沉，弧形收於右胸前，掌心朝下，肘略低於胸；左掌漸外旋，弧形向右抄至腹前，掌心翻朝右斜上，與右掌相合，兩臂呈弧形。眼隨轉體平視轉移，眼神顧及右臂（圖 216）。

圖 217

2.右腿下蹲坐實，身體微左轉，左胯根鬆沉，左腳向正前方（向南）邁出一步，先以足跟著地，隨著右腿蹬，左腿弓，重心漸左移，弓足後，左足尖裏扣約45°，身體漸右轉成左弓步坐實。此時左足尖與右足弓在一條直線上（即左腳略後於右腳）。同時，左前臂向左上弧形掤出，左掌略斜仰，高與肩平，腕略內屈；右掌向前、向右弧形下採至右胯前，略高於胯，坐腕、俯掌、手指朝前。眼向前（西）平視顧及兩掌（圖217）。

（二）右掤

（三）捋

（四）擠

（五）按

（二）至（五）的動作過程同第三式攬雀尾（參見圖7～17）。

譜訣、技術要領、用法及注釋說明與第三式攬雀尾同。

第五十一式　單　鞭

譜訣、動作過程、技術要領、用法及注釋說明與第四式單鞭同（參見圖18～22）。

第五十二式　玉女穿梭

譜訣：玉女天邊弄金梭，輕如雲煙流如波；
神意勁氣成渾元，上下隨合妙無窮。

動作過程

（一）左穿梭

1. 身體微右轉，左腳尖裏扣踏實。同時，右吊手變

圖 218

圖 219

掌，自右向前下畫弧，左掌亦隨轉體勢外旋帶沉意。眼神平移關及左手方向（圖 218）。

2. 身體繼續漸右轉，重心全部移於左腿，右腳提起。同時，右掌自右下向左經胸前臂漸外旋向右弧形上掤，屈臂成弧形，沉肩垂肘，肘略低於手，掌心朝裏，拇指上揚，高與鎖骨齊；左掌向下畫弧，置於左腰前，掌心朝下。眼神關顧右手向右上掤（圖 219）。

3. 身體繼續右轉，右腳向右前（西北）邁出，先以足跟輕著地，隨重心漸全部移於右腿全腳踏實，左腳經右踝內側向前提起。同時，隨轉體左掌經腹前內旋向右弧形移至右前臂下側，掌心朝裏；右掌隨勢繼續稍右掤，隨即右肘下沉，帶動右掌微向下移回，掌心朝左前。眼神稍關顧右掌後移，即轉向前平視（圖 220、221）。

圖 220

圖 221

4. 左腳向左前斜方（西南）邁出一步，左足輕著地，腰微左轉。同時，左前臂經右前臂下側向前上掤，臂微內旋，手與肩平，不超出足尖，掌心朝下；右掌隨勢繼續稍右掤，即沉右肘，經左前臂上側內旋抽回，掌心漸翻朝前下方。眼向左前平視，眼神關顧左臂前掤（圖 222）。

圖 222

5. 身體繼續漸左轉，重心漸移向左腿，左腳全部踏

圖 223

圖 224

實，弓左腿，蹬右腿，成左弓步。同時，左前臂內旋經面前上翻，左掌置於額前，掌心翻朝前上方；右掌隨勢向前穿出，沉肘、坐腕、立掌，掌心朝前。眼向前平視，眼神關及右掌前穿（圖 223）。

（二）右穿梭

1. 身體漸右轉，左腳尖裏扣踏實。同時，右掌外旋，隨勢屈肘橫臂呈弧形下移於胸前，掌心漸翻朝裏；左臂外旋，沉肘下移於左胸前，掌心漸翻朝裏，左手在裏，右手在外漸成十字交叉。眼神關顧左掌移回（圖 224、附圖 224）。

2. 身體繼續右轉，重心漸全部移於左腿，右腳經左踝內側向前提起。同時，右臂隨轉體稍內旋右掤，左臂隨勢

附圖 224

圖 225

沉肘經右前臂上側稍向下移回。眼神先關及左掌下移，隨即轉視右臂前方（圖 225）。

3. 右腳向右前斜方（東南）邁出一步，足跟輕著地，腰微右轉。同時，右前臂經左前臂下側向前上掤，臂微內旋，手略高於肩，手不超出足尖，掌心朝下；左掌隨勢稍左掤，即沉左肘，經右前臂上側內旋抽回，掌心漸翻朝前下方。眼向右前平視，眼神關顧右臂前掤（圖 226）。

圖 226

圖 227

圖 228

4. 身體繼續漸右轉，重心漸移向右腿，右腳全部踏實，弓右腿，蹬左腿，成右弓步。同時，右前臂內旋經面前上翻，右掌置於額前，掌心翻朝前上；左掌隨勢向前穿出，沉肘、坐腕、立掌，掌心朝前。眼向前平視，眼神關及左掌前穿（圖 227）。

（三）左穿梭

1. 身體微右轉，重心漸移於右腿。同時，左掌外旋，隨勢屈肘橫臂呈弧形下移於胸前，掌心翻朝裏；右臂沉肘外旋，下移於右胸前，掌心漸翻朝裏，右手在裏，左手在外，漸成十字交叉。眼神關顧左掌移回（圖 228）。

2. 身體繼續微右轉，重心漸全部移於右腿，左腳經右踝內側向前提起。同時，左臂隨轉體稍內旋左掤，右臂隨

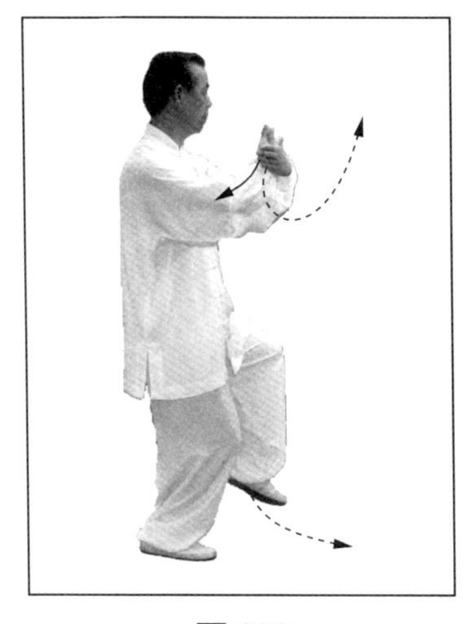

圖229

圖230

勢沉肘經左前臂上側稍向後下移回。眼神先關及右掌下移，隨即轉視左臂前方（圖229）。

3.左腳向左前斜方（東北）邁出一步，足跟輕著地，腰微左轉。同時，左前臂經右前臂下側向前上掤，臂微內旋，手略高於肩，不超出足尖，掌心朝下；右掌隨勢繼續稍右掤，即沉右肘，經左前臂上側內旋抽回，掌心漸翻朝前下方。眼向左前平視，眼神關顧左臂前掤（圖230）。

4.身體繼續漸左轉，重心漸移向左腿，左腳全部踏實，弓左腿，蹬右腿，成左弓步。同時，左前臂內旋經面前上翻，左掌置於額前，掌心翻朝前上方；右掌隨勢向前穿出，沉肘、坐腕、立掌，掌心朝前。眼向前平視，眼神關及右掌前穿（圖231）。

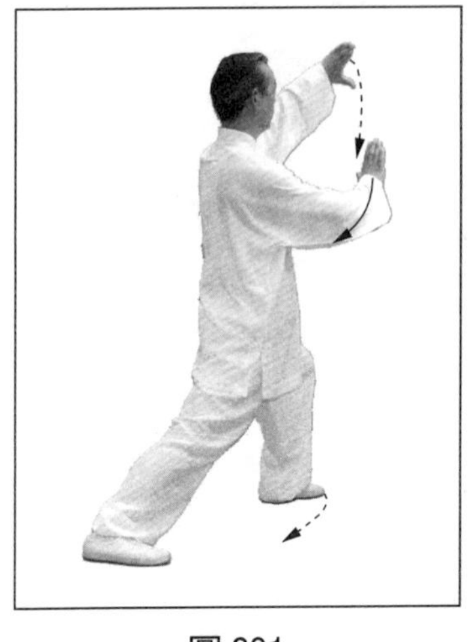

圖 231

圖 232

（四）右穿梭

1. 身體漸右轉，左腳尖裏扣踏實。同時，右掌外旋，隨勢屈肘橫臂呈弧形下移於胸前，掌心漸翻朝裏；左臂沉肘外旋，下移於左胸前，掌心漸翻朝裏，左手在裏，右手在外漸成十字交叉。眼神關顧左掌移回（圖 232）。

2. 身體繼續右轉，重心漸全部移於左腿，右腳經左踝內側向前提起。同時，右臂隨轉體稍內旋右掤，左臂隨勢沉肘經右前臂上側稍向下移回。眼神先關及左掌下移，隨即轉視右臂前方（圖 233）。

3. 右腳向右前斜方（西北）邁出一步，足跟輕著地，腰微右轉。同時，右前臂經左前臂下側向前上掤，臂微內旋，手略高於肩，不超出足尖，掌心朝下；左掌隨勢稍左

圖 233

圖 234

掤，即沉左肘，經右前臂上側內旋抽回，掌心漸翻朝前下方。眼向右前平視，眼神關顧右臂前掤（圖 234）。

4. 身體繼續漸右轉，重心漸移向右腿，右腳全部踏實，弓右腿，蹬左腿，成右弓步。同時，右前臂內旋經面前上翻，右掌置於額前，掌心翻朝前上；左掌隨勢向前穿出，沉肘、坐腕、立掌，掌心朝前。眼向前平視，眼神關及左掌前穿（圖 235）。

圖 235

技術要領

1.「玉女穿梭四角封，護臂穿打四敵潰。」明確地說明了玉女穿梭共有四個，分別穿打四個隅角，即西南、東南、東北、西北四個斜角。每個穿梭，兩手都有一次呈十字交叉的「封」的過程，第一和第三個左手在外，第二和第四個右手在外。即凡左穿梭，左手在外；右穿梭，右手在外。

2.打四個隅角，身體的旋轉角度較大。因此，逢轉身和上步時，尤其要注意不可起立，要儘量使重心保持在同一水平線上。一來避免降低運動量，二來拳勢高度的差異原本取決於各個拳勢的技擊要求，玉女穿梭打四角的技擊要求是一致的，所以，重心不能有較大的變換。

3.四個穿梭動作相連，均靠腰轉帶動手腳運轉，連續四次一腿支撐跨步，動作分打四個隅角，在整套的楊式太極拳中，僅此一式是這種打法，是習練者感到難度最大的動作之一。要做好此勢，在每個開與合、虛與實的轉身上步動作中，要「刻刻留心在腰間，腹內鬆靜氣騰然」。同時留心步法的虛實轉換，做到步隨身換，虛實轉換由心。由步法的虛實轉換及手、眼、身、法、步，上下左右的協調配合，準確地將動作運作到位，眼到、身到、手到、步到，做到一動俱動，一到俱到。

4.動作過程中，要講究「立身須中正安舒」，身體要不偏不倚，因立身中正方能支撐八面而穩固厚重，八面轉換而輕靈圓活。

5.掌臂向前上掤和向前穿出時，要防止引肩上聳或抬肘（即寒肩和揚肘。肘不能沉，肩不能鬆，肩胛緊鎖，兩肩高聳）以致氣血不通，勁路不暢。造成上不能勁由脊發，貫勁於指梢；下不能虛胸盈腹，引氣達丹田。則虛靈蕩然無存，勁力滯澀，呆象畢現，變化全無矣。

上掤前穿步法變成弓步時，要求前腿如弓、後腿如箭。後腿的膝關節必須保持一定的鬆沉度，不可蹬至僵直，要做到直而不僵，符合勁以曲蓄而有餘。但如相反地走向另一個極端，使後腿向下曲而不直，就成軟腿萎膝了。拳訣說：「勁起於腳，發於腿」，作為進攻性的弓箭步，如果下盤出現支撐與後蹬無力等軟腿萎膝的現象，出擊也就無勁可言了。

玉女穿梭，一手以掤勁向前上翻，一手同時向前穿出，一足前弓屈膝坐實，一腿後蹬伸直。兩手兩足之間，相吸相繫，剛柔互運，虛實滲透，動靜渾然，蓄發相變，奇正相生。動作舒展而不散漫，開展中而不失緊湊。蓄吸發呼，周身團聚，心意專致，全神貫注，以心行氣，以氣運身，氣若車輪，如九曲珠，氣遍全身，斂而入骨，貫頂為神，神安而定，心境寧靜，久練而明心見性，光明頓生，性靈畢現，則屈伸開合聽自由矣。

6.每勢動作都有它的起、承、轉、合。發勢為起，接榫為承，變換為轉，成勢為合。四個穿梭為一總勢。每個穿梭往復須分陰陽，進退須有轉合，都要精神團聚，每一動，始由意動，既而勁動，轉接一線串成。身體四肢上下、左右、前後，處處自然合住，勿使有缺陷處，勿使有凹凸處，勿使有斷續處，要周身處處虛實分明，著著貫串，綿綿不絕，周而復始，循環無窮，生生不已。

7. 穿梭的動作容易彆扭散亂，尤其在向斜前方邁步後應該邊轉體邊以前腳掌為軸碾後腳，這樣才能身順腳順，彆扭散亂之病就可避免，也不致犯因扣腳使弓步直距縮小，而減少蹬弓力量的錯誤。此外，兩手須隨腰運轉而不離中線，足尖、手尖、目光、兩腰側內勁向身前彙集於一線，步趨身擁，專注一方，以加強合力的作用。

用　法

接前勢，設敵自我右後用右手自上打下，我即將身隨左腳裏扣向右方翻轉，右腳隨即提回，落在左腳前，腳尖側向右分開坐實。左手收回，合於右腋下，隨即護繞右上臂，穿過右肘，即用掤勁向左前隅角上方翻去，將敵手腕掤起，左腳同時前進，屈膝坐實，右腳伸直右手變掌，急從左肘下穿出，沖向敵胸脇擊去，敵未有不跌。

注釋說明

玉女穿梭，楊澄甫著《體用全書》說：「此式左右手相穿，忽隱忽現，捉摸不定，襲乘其虛，故曰玉女穿梭，以喻其勢之巧捷也。」《各勢白話歌》說：「玉女穿梭四角全。」《全體大用訣》說：「玉女穿梭四角封。」又說：「搖化單鞭托手上，左右用法一般同。」《太極拳體用全訣》說：「玉女穿梭巧為貴，護臂穿打四敵潰。」都簡明扼要地說明了由單鞭「搖化」的玉女穿梭勢，是左右前後，動作相連；一腿支撐，轉腰換步；進步進身，步趨身擁；雙手齊出，邊掤邊打；四角封穿，跌打兼使；以寡敵眾，以少勝多的拳勢。

在整套楊式太極拳中僅此一式採用這種打法，有拳訣為證：「玉女天邊弄金梭，輕如雲煙流如波；神意氣勁成渾元，上下隨合妙無窮。」玉女穿梭雖以巧為貴，但一旦得機得勢，出勁勁起腳跟，源動腰脊，丹田吐力，功力老到；出手如紅爐出鐵，人不敢觸摸，氣勢逼人，其氣勢有太陽之陽剛雄健，有太陰之陰柔溫厚，有少陽之峻險廉悍，有少陰之吞吐汪洋。支撐八面而穩固厚重，八面轉換而輕靈圓活，剛柔互運，虛實滲透，蓄發相變，奇正相生，周身渾然，功勁似有若無，形影飄忽莫測，勁力乍隱乍現，貌似柔軟無力，實則無堅不摧。

第五十三式　攬雀尾

動作過程

1. 重心漸全部移於右腿，左腳向右經右踝內側提起。同時，右肩鬆沉，右臂外旋，屈肘下沉裏收於右胸前，掌心翻朝下，右肘稍沉略低於腕；左肩鬆沉，左掌外旋，向右下弧形抄至腹前，掌心翻朝右上，兩掌相合，兩臂呈弧形。眼神關顧右臂，向前平視（圖236）。

圖236

2. 以下動作過程與第三式攬雀尾相同（參見圖 6～17）。

譜訣、技術要領、用法、注釋說明與第三式攬雀尾相同。

第五十四式　單　鞭

譜訣、動作過程、技術要領、用法和注釋說明與第四式單鞭相同（參見圖 18～22）。

第五十五式　雲　手

譜訣、動作過程、技術要領、用法和注釋說明與第二十八式雲手相同（參見圖 130～137）。

第五十六式　單　鞭

譜訣、動作過程、技術要領、用法和注釋說明與第四式單鞭相同（參見圖 20～22）。

第五十七式　下　勢

譜訣：下勢蓄勁避銳氣，吞吐剛柔無所懼；
引進落空牽敵根，順勢下採勁須齊。

動作過程

1. 腰微右轉，右腳尖外撇踏實，重心漸後移向右腿，慢慢屈膝下蹲，左腿徐徐伸直（呈微屈）。同時，左手往裏回收微屈，手指朝前（圖 237）。

3. 右腿繼續下蹲，左足尖稍內扣，成左仆步。同時，左臂隨重心後移屈肘弧形裏收，經腰側前向下，由左腿裏側前穿。眼神關顧左掌，向前平視（圖 238）。

圖 237

圖 238

技術要領

1.屈膝下蹲時，要提頂、吊襠、含胸、拔背、斂臀，兩肩平正，胯鬆沉，腰直豎，尾閭收正，則中定之勁自然生發，使身心中正安舒，不偏不倚，內實精神，外示安儀。

2.當重心後移下蹲，左掌弧形裏收下移時，要沉肩垂肘，胯鬆腰豎，以右胯領先，以胯帶身，以身帶肩，以肩帶肘，以肘帶腕，以腕帶掌，節節貫串地帶動左掌裏收下移。無論左掌由裏收下移或貼近脛骨前穿，都要鬆靈連貫圓活，毋有缺陷，毋有凹凸，毋有斷續，不起棱角。屈伸纏繞，從心所欲。

3.右腿下蹲成仆步時，襠部（即會陰部）要圓而虛，要裹襠、吊襠，不可夾襠、尖襠。兩胯根撐開，兩膝呈微裏扣之意，襠自然能圓。會陰處虛虛上提，不使有下蕩之意，襠自然能虛。襠的虛圓，使胯骨的骨節撐開，以增加襠部伸縮旋轉的靈活性和擴大活動的幅度，使下盤輕靈而旋轉無滯，並加強腿部的彈性和功勁。

此外，右胯絕不可低於膝，以胯與膝平為最低限度。若過於下蹲，胯根低於膝部則形成「蕩襠」，即「軟襠」，此時襠部全部下落，軟弱無力地貼近地面，似同癱瘓，使腿的基礎浮而不固，兩腿虛實變換反而不靈，這樣不但起身費勁，遇到對方進逼，就會癱倒在地。反之，如胯根過高於膝，則運動量過小，得不到鍛鍊身體的效果。為了提高膝關節的支撐力，加深腿部的彈性和功勁，必須因人而宜地找到一個適當的下蹲高度。

4. 重心後移下蹲時須立身中正，不可前俯後仰。眼神雖隨左掌，然而當左掌裏收下移到貼近脛骨前穿時，眼要向前平視，不可低頭哈腰，以免精神不起，也不能發揮「下勢」應有之技擊作用。

因為不論是隨下蹲勢下採還是我左手被敵所握以圓活勁收回腰前，都是用右腿和腰胯向後下坐以及重心向後下沉的勁勢，以牽動彼力。而上體向前傾俯則無法運用整體之勁，只能憑藉手臂局部的勁力，這樣不但不利下採，掙脫敵手，而且影響眼神的運用，致使無法很好地觀察對手，形成人為的盲域，為敵所乘。

用　法

接前勢，如敵以右手將我左手往外推去或用力握住，我即將右腿向右分開，往後坐下，左手用圓活勁收回腰前將彼引進落空，伺機進攻。或敵用左手來擊，我急以左手將敵左腕扼住，以腰、胯、腿、臂、腕等全身整體下坐之勁沉採，牽動對方之根，使其頓感失衡，站立不穩。並蓄我氣勁，以備後著。

注釋說明

武術中凡仆腿向下落身，通稱下勢。楊式太極拳此勢的技擊意義，除上述用法中已闡明者外，又一如少林的仆腿。當敵飛腿踢我上部，一時無可退避者，即以下勢應之。其主要目的是避挫敵鋒，空其來勢，使敵如臨深淵，有「俯之彌深」之感。故《太極拳體用全訣》說：「下勢蓄勁避銳氣，俯之彌深無所畏。」因此式身法輕靈順柔，猶如錦蛇伏地，故又名「蛇身下勢」或「平伏地錦」。陳微明在《太極拳問答》中云：「聞楊少侯先生言，祿禪老先生練單鞭下勢時，以制錢一枚置地上，可以口銜起；又可以肩靠人之膝，其腰之下如是。」所以曾昭然認為下勢一式「面眼皆向東，頭可先垂至極低而後昂起如圖（即楊澄甫下勢的拳照定勢）」。

《全體大用訣》說的「單鞭下勢順鋒入」，則明白地表示，敵以由上向下的著法擊我，我急順其勢向下貼隨，待彼下擊的勁落空，即以貼隨之手隨同胯膝前進之衝力，撩擊敵之陰部或腹部。這是下勢的又一用法，說明「下勢」的著法亦是隨勢而變的。但不論著法如何變化，著變理不變。下勢由左弓步變為仆步，重心後移，屈右腿直體後坐，其關鍵在於後坐。後坐好不好，關係到整個下勢動作的正確與否。所以，必須嚴格地按照技術要領，做好後坐動作。尤其注意不要引起蕩襠或軟襠，以取得較好的鍛鍊效果。

有人在眉批楊澄甫《體用全書》「單鞭下勢」時說：「此勢本為空對方來勢而用，今云將對方來手扼住，或下採等等，皆有抵擋之意，實為不妥。」此為只知其一，而不知其二了。

採的基本手法可分單採和雙採，楊式太極拳「單鞭下勢」就是單採應用的典範。單採通常是和其他的手法相輔連用的。當採法與其他手法相輔結合應用時，若敵之運動方向與我一致，則可順其來勢，以「順手牽羊」法採之。

若運動方向恰恰相反，則此時的採僅僅是為了引出對方的反作用力，或採出其身體的掙力或失衡感。當對方慌忙抽身時即借其抽身之力順勢補手進擊，如「野馬分鬃」「斜飛」等勢，就是採後以挒手相輔相補，而「下勢」採後則以「金雞獨立」勢相輔補以膝法等。有的僅試單採以探虛實。其實利用物理學的合力原理，無論順勢或逆勢，都可施以「採手」，只要採的角度、勁力大小，手法的主輔配合，都能因敵變化，控制得當，憑藉腰腿旋轉、進退、起落之勁順勢發動，起到以小力打大力、四兩撥千斤的技擊效果。

至於雙採，如吳式太極拳的「下勢」就是應用雙採的，用勁必須並行地向一側施為，而不可採執敵的兩手或兩臂分向兩側發放，否則就會使對方撞入自己內門，或者反而穩定了對方的重心。

採之一法，用人之策，借人之力，但亦有「渾身合力下千斤」的，研習者焉可不知。

第五十八式　金雞獨立

譜訣：金雞獨立隨勢起，撩踢撞閉任我為；
　　　　腿起腳落千斤墜，不見閻王亦見鬼。

動作過程

（一）金雞獨立左式

1. 左腳尖外撇，身體漸左轉，重心漸向前移於左腿，

圖 239

圖 240

上體前移，漸漸升起，左腿屈膝前弓，蹬右腿，成左弓步。同時，隨重心前移左掌向前上穿，沉肘、坐腕；漸鬆開右吊手成掌，隨勢弧形下移至右胯後方。眼神關顧左掌上穿，即向前平視（圖 239）。

2. 身體繼續左轉，重心全部移於左腿，右腳跟先離地向前屈膝提起，左腿漸漸起立。同時，左掌內旋弧形下摟至左胯旁，掌心翻朝下，坐腕，掌根微著力沉住，掌指朝前，意貫指尖；漸鬆右吊手成掌自後向下，隨右腿向前提膝，先經右腿外側，繼而以右前臂尺骨一側貼近右腿前上側，向前弧形上托，屈肘置於右膝前上，手指朝上，高與鼻齊，掌心朝左，成左獨立勢。眼神關顧右掌上托，並稍先於右掌到達，然後通過右掌向前平視（圖 240、241）。

圖 241

圖 242

（二）金雞獨立右式

1. 身體漸右轉，左腿漸屈膝下蹲，「送」右腳下落於左腳跟旁，腳尖先著地，隨重心漸移於右腿全腳踏實，隨即右腿稍屈膝下蹲，左腿變虛，足跟先離地向前屈膝提起。同時，右掌微內旋，隨右腿下落弧形摟至右胯前上方，掌心斜朝下；左掌先隨左腿屈膝下蹲勢下沉，隨即經左腿外側自下向前上提起。眼神關顧右掌下摟，隨即移顧左掌自下向前上提（圖 242）。

2. 身體繼續右轉，右腿漸起立，左胯根催左膝繼續上提。同時，右掌微內旋弧形下摟至右胯旁，掌心翻朝下，坐腕、掌根微著力沉住，掌指向前，意貫指尖；左掌向前上，隨左腿向前提膝，以左前臂尺骨一側貼近左腿前上側，向前弧形上托，屈肘置於左膝前上，手指朝上，高與鼻齊，掌心朝右，成右獨立勢。眼神關顧左掌上托，並稍先於左掌到達，然後通過左掌向前平視（圖 243）。

圖 243

技術要領

1. 由下勢的左仆腿接左獨立，先以左腳尖外撇，繼而上體平行前移，重心慢慢前置，左腿漸屈弓，成左弓步，先要左腿屈膝坐實，下盤穩固，然後右腿微蹬，以右膝帶領向前上漸漸提起，不可在兩腿伸直的情況下起立。同時必須在保持上體正直的情況下，左腿漸漸起立，切忌借助上體的前傾力量。

2. 要注意右腳下落變右獨立勢時，左腿必須同時落胯、屈膝下蹲。也即是說右腳的下落是隨著左腿的屈膝下蹲漸漸「送」下的，不可右腿下落而左腿依然直立。這樣才能兩腿虛實分明，勁路順達。如果獨立支撐腿僵直站煞，氣滯血淤，勁路不暢，腰腿分家，自己站立不穩，則又如何以提起之腿足，近則以膝撞擊，略遠則以足尖彈踢敵下部？又如何進可以攻，退可以守呢？

3. 獨立時，要虛領頂勁，要沉肩、垂肘、坐腕、舒指，要氣沉丹田，意定樁穩。頭頂項豎，立身方能中正；沉肩、垂肘、坐腕而又舒指，則可得全身完整之勁；氣沉丹田，百骸自然舒適；意定樁穩，不惟支撐八面，足當十面埋伏，而發勁之時更能專注一方。

楊式太極拳金雞獨立如日之升，全賴於蹬勁。拳論云「其根在腳」，是勁起足根之謂，足有蹬勁，則下盤穩固而紮實。

上「虛領頂勁」，就是「六陽」之首，百會朝天，不偏不倚，不俯不仰，喉頭不拋。能虛領頂勁，才能「神貫頂」，才能「滿身輕利」。

下足有蹬勁，就要求「足踩湧泉」，即湧泉含空，掌緣著地，五趾微抓，就是俗說的「足踩太極」。能勁起腳根，則勁有根源。

上領下蹬，則有頂天立地的氣概。內則一心，外則一身，拳彌六合。內則心與意合，意與氣合，氣與勁合；外則手與足合，肩與胯合，肘與膝合。此外，要求做到鼻尖、指尖、足尖三尖相照，向前的方向一致。上托之手，屈肘不宜過度，如過度易使肘過分靠近胸部，失去封閉敵手或上托敵肘部的作用。支持身體重量的腿要收胯、微屈、不動如山，不要用力挺直。

左右獨立勢動作所用的「上托」，是就該動作的技擊作用而設立的，實際演練時，不要為了「上托」一詞的含義而將掌心朝上，而是應該手指朝上。上托手的作用是閉敵手或托敵肘部，而獨立提膝的技擊意義是，近則以膝撞擊敵襠部，稍遠則以足踢敵襠或腹部，或提膝保護自身的襠部和腹部，皆因膝和足的用法是多變的，其攻守往往是雙向的。因而拳論有「足來提膝」「近便加膝」的說法。所以，在實際的演練中足雖未踢出，但須寓有踢意。

用　法

左獨立勢

接前勢，如敵往回拽其力，我即順勢將身向前上躍起，以右腳尖向敵腹踢去，右手隨之前進、屈肘、指尖朝上，以閉敵左手，此時左腳變實站穩，右手隨進牽制敵左或右手。

右獨立勢

由左式，如敵用右拳擊來，我右手下沉，速起左手托其肘部，同時提左膝撞其襠部。其他與左式同。

注釋說明

金雞獨立，象形也。一手上托，一手下按，一腿屈膝提起，一腿支撐獨立，其姿勢恰似金雞獨立，故名。而武式、孫式作「更雞獨立」。

《全體大用訣》說：「單鞭下勢順鋒入，金雞獨立占上風。」又說：「提膝上打致命處，下傷二足難留情。」說的是敵以由上而下的著法向我擊來，我應以下勢，順其來勢向下黏隨，待其落空，即用黏隨之手，借腰、胯、膝三節前進之勢，撩擊其襠部；或以手向上挑，閉托其手肘，同時提膝撞擊其襠部；或以一腿抬起即落，以腳跟猛踏踩其腳面，同時另一腿上抬，以增加下踩的力量。使全身重力落在腳跟上，以全身之力踏擊敵腳，這就是「千斤墜」的著名用法，也是獨立勢又名「千斤墜」的原因。

金雞獨立前後動作的銜接過程，從單鞭的高姿勢，到下勢的低姿勢，再到左右金雞獨立的高姿勢。波起波落，波峰波谷，形若波瀾，吞吐汪洋，氣勢跌宕磅礴。此勢也是一招非常厲害、致對手死命的著法，純係毒招，非不得已莫輕易使用。

《太極拳體用全訣》說：「金雞獨立隨勢起，撩撞閉踢任我為。」充分說明此勢手、膝、足的用法是變化多端的，是一著多用的招勢，其主要的用法除撩、撞、閉、踢外，尚有手的托、採、摟、按和腳的踩踏。

有人在眉批「金雞獨立勢」時指出：「此勢本為以膝蓋衝擊對方之襠部外腎。今云以腳尖踢去殊有未合也，否則何以腳尖未往前出也。」後學敬請先賢「博學之，審問之，慎思之，明辨之，篤行之」。

金雞獨立一勢，根據楊澄甫早年演示的拳照來看，肘與膝是相貼的，但晚年演此勢則肘與膝離開約數寸，楊南宗弟子曾昭然解釋為：「蓋其晚年胖甚，腹大如鼓，膝提稍高未免太辛苦也。」

筆者曾以此說請教傅鍾文老師，答曰：「楊老師所謂晚年亦只五十左右，雖胖，但因長年練拳，還不至於肘無法貼膝，也不至於太辛苦，這一點辛苦對練拳的人算什麼呀！只因不貼膝更自然，更順勢，更從心而已，因而其晚年定型之拳照為肘不貼膝，應按此演練。」

第五十九式　左右倒攆猴

動作過程

（一）左倒攆猴

1. 右腿漸屈膝下蹲，腰微右轉，左腿徐徐下落，虛懸於右足前方。同時，右掌外旋，向斜後弧形上移至約與肩平，掌心朝左前上方；左掌伸臂前移，略往下沉，隨伸臂外旋，掌心翻朝右後上方，兩掌心前後遙對。眼關顧右掌向右後上移（圖 244、245）。

2. 身體漸左轉朝向正前方，左腳隨勢弧形後撤一步，稍偏左落下，先以腳尖輕著地。同時，左肘略沉，左掌稍

圖 244

圖 245

沉抽；右掌隨沉肩弧形回收於右耳側，掌心斜朝左前，掌根微坐。眼神隨轉體向前平視（圖 246）。

3. 身體繼續左轉，左腳跟內收著地，全腳踏實，左腳尖朝左前約 45°，重心漸移於左腿，隨重心後移，右腳尖轉向正前方（東）。同時，隨轉體勢左肘下沉，左掌微外旋，向後弧形回抽至左胯旁，掌心朝上，掌指朝前；右掌微內旋，由右耳側向前推出，沉肘坐腕，掌心朝左前，指高齊肩。目平視前方，眼神關顧右掌前推（圖 247）。

其餘動作過程同第十七式左右倒攆猴（參見圖 92～98）。

譜訣、技術要領、用法、注釋說明同第十七式左右倒攆猴。

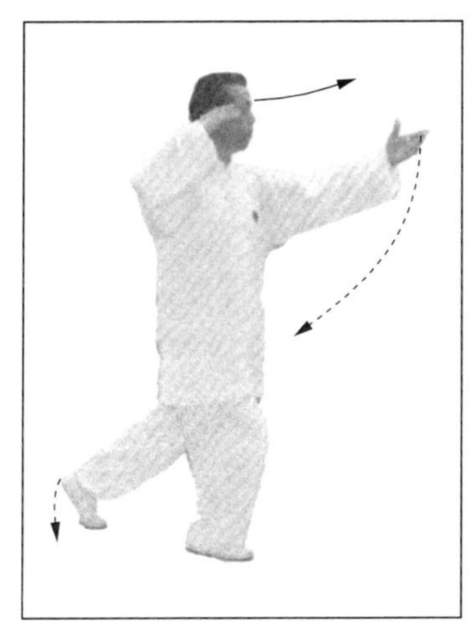

圖 246

圖 247

第六十式　斜飛勢

譜訣、動作過程、技術要領、用法、注釋說明與第十八式斜飛勢相同（參見圖 99～101）。

第六十一式　提手上勢

譜訣、動作過程、技術要領、用法、注釋說明與第十九式提手上勢相同（參見圖 102、103）。

第六十二式　白鶴亮翅

譜訣、動作過程、技術要領、用法、注釋說明與第六式白鶴亮翅相同（參見圖 26～28）。

第六十三式　左摟膝拗步

譜訣、動作過程、技術要領、用法、注釋說明與第七式左摟膝拗步相同（參見圖 29～33）。

第六十四式　海底針

譜訣、動作過程、技術要領、用法、注釋說明與第二十二式海底針相同（參見圖 112～115）。

第六十五式　扇通背

譜訣、動作過程、技術要領、用法、注釋說明與第二十三式扇通背相同（參見圖 116、117）。

第六十六式　轉身白蛇吐芯

譜訣：轉身白蛇吐芯烈，一撇二撲三穿擊；
　　叉喉取瞳任爾為，吞吐插穿敵膽裂。

動作過程

1. 身體漸右轉向南，重心不變，左腳尖順勢實腳裏扣，左腿坐實，右腿變虛。同時，右掌漸變拳，弧形下落，屈肘橫臂，拳心朝下，置於左肋前；左掌弧形上舉，沉肩、垂肘、坐腕，置於左額前上方。眼神關顧右手畫弧，隨即向前平視（圖 248）。

2. 身體繼續右轉向西，重心全部落於左腿，右腳提起。同時，左掌隨轉體勢向右拂面，經右前臂外側弧形落

圖 248

圖 249

圖 250

圖 251

下，高與右肘齊；右拳環撇向上，略高於左肘。眼隨轉體向前平視，關顧兩手運作（圖 249）。

3. 身體微右轉，右腳向前稍偏右落下，先以足跟輕著地，漸至全腳掌踏實，弓右腿，蹬左腿，成右弓步。同時，右拳向前上至胸前最遠處變掌，用沉勁撇出，繼而隨轉體勢弧形下撇，漸至掌心朝上，收於右腰側；左掌環轉經左胸前，於右前臂裏側上方向前撲出。眼向前平視，眼神先關顧右掌撇出，後關顧左掌前撲（圖 250、251）。

技術要領

與第二十四式撇身捶基本相同，惟撇身捶右拳在白蛇吐芯中變為右掌。拳掌兼用，環轉成圓，勁起於足，發於腿，主於腰，斂於脊，布於膊，運之於掌，貫之於指。所以「吐芯」動作的兩掌臂如常山之蛇，相吸相繫，以意牽之，以形連之，如影隨形；隨心之動而伸縮吞吐，反側陰陽，陰不離陽，陽不離陰，陰陽互濟；俯仰有著落，掌心之形雖凹，而其意則凸，皆因「白蛇」「吐芯」，其吐勁也。勁達於四梢，形於手指而貫注於指尖。

用　法

與第二十四式撇身捶基本相同。先以沉勁用右掌背撇擊敵臉部（術語稱「迎面鐵扇」），並暗用採勁將敵手疊住，左掌繼施連環撲擊，右掌複以左手掩護，從左腕上穿出，掌心朝上，以指尖取穿敵雙瞳或喉部。

注釋說明

「白蛇吐芯」，芯者舌也。此勢以右掌背撇擊，以左掌撲擊，在身法的配合下，兩臂回環，兩掌連環，如蛇芯，反側陰陽，上下翻飛，吞吐穿插，即化即打，柔活迅捷。姿勢、動作、形象、用意，極似蛇之吐芯，故名。

有先賢在對《太極拳體用全書》的眉批中說：「前者為撇身捶，今者勢同，所差者拳掌之分，自應名撇身掌，何言白蛇吐芯之言哉。況拳勢之命名，非象形則象意，今此式形即不同，意亦不象，如何亦說白蛇吐芯哉。」傅鍾文亦曾聞有此說，不以為然，傅、沈（壽）兩專家均認為，此勢形也似，象也似，法亦似，神意皆似，白蛇吐芯極其貼切。

《全體大用訣》說：「翻身白蛇吐芯變，採住敵手取雙瞳。」《太極拳體用全訣》說：「轉身白蛇吐芯烈，叉喉刺瞳敵膽碎。」除了肯定「白蛇吐芯」的術名意義外，也說明此勢在技擊上是一種點穴穿刺的毒著。習練者輕易不要試著，以免誤傷。

陳微明稱此勢及撇身捶所用之勁為筋斗勁，皆因其兩臂隨身法運作似翻筋斗耳。故撇身捶亦稱之為「筋斗捶」，而白蛇吐芯則無相應的筋斗掌名。

第六十七式　進步搬攔捶

動作過程

1. 身體漸左轉，重心漸移向左腿。同時，左掌外旋隨勢沉肘抽回，置於右胸前，掌心向右；右掌向前上方伸到左掌上側。腰繼續左轉，重心繼續後移，完全落實於左腿。左臂繼續外旋使掌心翻朝斜內上，稍後移收於胸前；同時右掌繼續內旋，稍向左掌前上穿出，高與喉平，掌心向下，指尖向前（仍屬白蛇吐芯），隨即漸由掌變拳，繼續向左掌前上伸出，置於左掌前上側，拳心向下。眼神關顧右拳前伸（圖 252）。

圖 252

其他動作過程同第二十五式進步搬攔捶（參見圖123～128）。

譜訣、技術要領、用法、注釋說明同第二十五式進步搬攔捶。

第六十八式　上步攬雀尾

譜訣、動作過程、技術要領、用法、注釋說明與第三式攬雀尾相同（參見圖 7～17）。

第六十九式　單　鞭

譜訣、動作過程、技術要領、用法、注釋說明與第四式單鞭相同（參見圖 18～22）。

第七十式　雲　手

譜訣、動作過程、技術要領、用法、注釋說明與第二十八式雲手相同（參見圖 130～137）。

第七十一式　單　鞭

譜訣、動作過程、技術要領、用法、注釋說明與第二十九式單鞭相同（參見圖 138、圖 20～22）。

第七十二式　高探馬帶穿掌

譜訣： 橫掌障眼高探馬，覆手突現刺喉掌；
上下相隨弓步進，葉底採挑陰手藏。

動作過程

（一）高探馬

動作過程與第三十式高探馬相同（參見圖 139～141）。

（二）左穿掌

1. 右腿漸下蹲，左腳提回，虛懸於右腳左前。同時，右臂漸屈肘橫臂呈弧形，稍沿左前臂下弧形外旋內收，橫置於胸前，掌心翻朝內上；左掌漸仰掌穿至右掌內側上方，掌心朝內上，指尖朝上。眼向前平視，眼神關顧右掌內收（圖 253）。

2. 身體微右轉，左腳向前邁出一步，先以腳跟輕著地，隨重心漸前移全腳著地，弓左腿，蹬右腿，成左弓步。同時，左臂垂肩沉肘，左掌繼續向前上穿，掌心朝上，高與頦平；當左前臂穿過右掌上側時，右掌內旋，掌心翻朝下，微裏收至左上臂下近肘處，手指朝左。眼神先關顧右掌裏收，再關及左掌前穿，隨即向前

圖 253

圖 254

附圖 254

平視（圖 254、附圖 254）。

技術要領

1. 高探馬的技術要領與第三十式高探馬同。

2. 從單鞭過渡到高探馬，左腳收回，以左腳尖點地成左虛步時，左腳不可拖擦地面，身體不可後仰，從高探馬漸至穿掌的左腳提回，虛懸於右腳的左前方，不可撅臀前傾，左腿前邁時身體不可前俯，腳跟不能衝擊地面。楊氏家傳老譜《懂勁先後論》說：「夫未懂勁之先，長出頂匾丟抗之病。既懂勁之後，恐出斷接俯仰之病。」可見俯仰皆為太極拳之重病，故拳諺有「點頭哈腰，傳授不高」的說法。克服的辦法是「百會、中極一體管鍵」。做到「有準頂頭懸，腰之根下株，上下一條線，全憑兩手轉」。

3. 左穿掌，左腿向前邁步時，右腿要下蹲，即做好右腿的「沉」，以右腿的「沉」，「送」左腿的前邁。這樣既可使邁出的步子增大，加大運動量，亦使之符合技擊要求，同時亦可避免邁出腳帶著身體的部分重量沖向地面，造成邁步如打夯和下盤虛實不明的情況。之所以能如此，是因為步子的大小完全取決於坐實腿下蹲的程度，「沉」得越深，蹲得越低，邁出的步子就越大。而且這樣的邁步方式，是後（實）腳蹲，前（虛）腳伸，實（後）腳送虛（前）腳，虛實分明，起腳輕盈，動步穩健，落步無聲，邁步有如貓行之輕靈、沉著、穩健，躡足而行，其若惕也。

4. 左掌穿出時要注意兩肩平整，左肩不可前探，手臂不可伸直，要垂肩沉肘，從而達到「三垂」，即氣垂、肩垂、肘垂。同時，左穿掌動作須同左弓步，身體的右轉協調一致。左手的出擊，同左腿的前邁，上下不可脫節，要做到上下相隨，手動腰動足動，眼神亦隨之而動，眼到手到足到，尤須注意弓腿不可太快，手的出擊，必須輔以腰腿的支持，否則就無法做到拳論所說的「勁起於腳跟，主宰於腰，發於腿，形於手指」。

5. 最後形成的左弓步步型，就身體重量在兩足的靜止狀態而言，是弓（左）腿為實，蹬（右）腳為虛。若從技擊的動態來說，左掌向前穿刺敵喉，勁起腳跟，透過弓步的形成過程，由腿而腰而脊而膊而手，貫於手指。後腿不蹬，則穿刺無依，穿透無力，也就是俗說的不得力。故從技擊角度來說，蹬（右）腿為實而弓（左）腿為虛。這就是實中有虛，虛中有實，虛實轉換。做好虛實轉換，才能意氣換得靈，動作虛實分明，舉止輕靈活潑，中藏生氣，有圓活之趣。

用 法

高探馬用法同第三式高探馬。惟我探出的右手為敵牽住，即將右手先外旋下沉，後內旋收回，手心向下，左手稍起穿掌向敵喉間沖去。右手仍藏在左肘下以應變。

注釋說明

「穿掌」係傳統拳術通用式名，外家拳亦作「抽掌」或「抽袖」，形容一掌自另一掌臂之上或之下穿出，狀若穿捋袖子而得名。

楊式太極拳高探馬帶穿掌勢，一個「帶」字，說明了穿掌是附帶於高探馬的，從而確定了穿掌的附屬地位，使穿掌成了與高探馬勢組合的障眼施著和連環守護刺穿中的重要一環。有人說：「此勢為白蛇吐芯，形象意思皆相合。」非也。請參閱第六十六式白蛇吐芯解，兩者不可混淆。

又高探馬是楊式太極拳套路中幾個身體稍拔「高」起立的動作，高起即落，都是技擊的需要。高探馬後穿掌，右腿即屈蹲下沉，恢復半蹲狀態，以加強腿部力量的鍛鍊，並使拳架整套動作大體上使腰部保持在同一水平線上。

《太極拳體用全訣》說：「穿掌採挑葉底藏，疆場搏敵喉間刺。」說明穿掌著法的主要作用是刺敵喉，雖曰穿掌，實為穿指，是為指法。此勢演練，尤須注意輕靈，舉手投足不可有呆相，彼之力妨礙我皮毛，我之意入彼骨內，兩手支撐呼應，一氣貫串，左重則左虛，而右已去；右重則右虛，則左已去。周身協調相隨，處處恰合。

圖 255

此勢在 88 式中獨立為「左穿掌」。吳式改作「迎面掌」，或作「撲面掌」，以左掌撲面，改指法為掌法，但姿勢仍沿用楊式，武式作「對心掌」，孫式作「右通背掌」，均出右掌，陳式無此式。

第七十三式　十字腿

譜訣：十字腿法昨非今，不是弄錯為改進；
　　　上行下打無偏廢，徒具虛名更流行。

動作過程

1. 身體漸右轉，左胯內旋裏收，左足尖裏扣踏實，重心漸全部移於左腿；右腳腳跟離地向左提回，虛懸於左足前。同時，左臂屈肘右移，掌心朝裏；右掌經左臂外側隨

圖256

圖257

身體右轉與左臂環合，隨合著右前臂外旋，掌心翻朝裏，兩掌交叉合抱於胸前。眼隨轉體向右平視，眼神關及兩掌合抱（圖255、256）。

2. 右腿屈膝提起，高於臍，隨即腳跟慢慢向前（正西）蹬出，腳尖朝上；左腿隨右腳蹬出而漸漸起立，膝仍微屈。同時，兩掌左右分開。眼神關顧右掌分出，並通過右掌向前平視（圖257）。

技術要領

1. 身體右轉、左腳裏扣要注意兩點。其一是左腿應實腿（腳）碾轉，重心不可右移。因十字腿是應身後攻擊法。其二是上體不可前俯後仰，做到頭容平正，中軸不歪，神貫於頂，提挈全身，立如平準，保證肢體活如車輪般不晃地轉動。如此方能支撐八面而穩固厚重，八面轉換而輕靈圓活。

2. 兩掌於胸前交叉合抱，須全身鬆沉，環臂圓滿，分清虛實，圓轉如意，氣勢不可散亂，拘意切莫放鬆。氣勢散漫，便無含蓄，身就散亂。意若懈馳，精神勢必不能貫注，神馳意迷，則必有遲重之虞。

3. 右腿提膝要高於臍，至少不低於胯的高度。右腿蹬出先要把力量集中於膝關節，胯部韌帶拉開，這樣方可蹬到胸肋部。起腳發勁蹬出時，上手下足中腰，無處不相應，其勁整，其勢猛，其根深，總以周身渾然之整勁，一氣呵成也。這樣才符合《全體大用訣》「十字腿法軟骨斷」的技擊要求。而平時演練可緩緩蹬之，既不持力，亦不持快。

十字蹬腿是一個平衡動作，兩手平肩伸展是為平衡，要求立身中正，身樁端正，無所偏倚，虛靈內合。《太極平準腰頂解》有「有準頂頭懸，腰之根下株，上下一條線，全憑兩手轉」。用它作為十字腿的動作要求和尺度是十分貼切的。

4. 其他技術要領參見第三十式高探馬及第三十七式右蹬腳。

用　法

接前勢，敵用右手牽住我右手，我右手即抽開至左脇下，隨以左掌擊其胸成十字形。此時如敵自身後右側以右手橫打，我急將身向右正面拗轉，左臂翻上屈回與右臂上下相抱時，急將兩掌前後分開，攔住敵手，同時急將右腿提起，用腳跟向敵右脇部蹬去，則敵必應腿而跌出。

注釋說明

「十字腿」勢，傅鍾文老師生年記述：「楊澄甫老師在《太極拳體用全書》第一版（1934 年版），只是一張十字腿定勢動作圖，過程圖沒有列出，原來的練法是單擺蓮，本書的這種練法（指順式蹬腳勢）是楊澄甫最後修訂定型的，早已普遍推廣，因之作為目前最後的定型動作。」（見《楊式太極拳教法練法》227 頁）

顧留馨著《太極拳術》亦記述：「十字腿這個拳勢，原來的練法是單擺蓮腿，現在名稱未改，仍是『十字腿』，但練法改為右蹬腳的動作。這是當年楊澄甫老師南下到上海授拳，為了『十字腿』練法對年老體弱者不能適應，就修訂為右蹬腳的動作。」（見《太極拳術》224 頁）

李雅軒老師也曾說：「我學拳時此處（指十字腿）是踢腳，不是蹬腳，不知何又弄錯也！」（見《關於楊氏太極拳的幾個名稱注釋》）可見此式楊澄甫在改進，初改十字擺蓮為蹬腳時，原係拗式踢腿，故名「十字腿」，為了順勢得力而最終修訂為順式，便與蹬腳勢無異，僅僅保留「十字腿」之名而已，也就「名不副實」「徒具虛名」了。也難怪一些未能始終緊隨楊澄甫師學藝者知其所以而不知其所以然了。

十字腿的用法是應身後之敵。《全體大用訣》說：

「十字腿法軟骨斷」，說明十字腿勢起腿提膝應蹬敵脇部的軟肋，或起腳以我腳掌由下而上直截敵膝下軟骨。實用中起腿的高度，以腰為限，不宜過高，過高則易為人所乘，為人所制。

然體用互為輔成，不應執一而偏。日常練習，特別是恢復原來拗步單擺蓮練法時，則可適當提高腿的高度。也就是拳諺所說的「練高用低」或「台上踢肩耳，台下踢肋膝」。這不是體用不一，而是為了使「體」更好地符合「用」，是體用的辯證。

《太極拳體用全訣》說：「十字腿起分手攔，上驚下取最得勢。」說明此勢和左右分腳勢一樣，是上驚下取的典型拳勢。兩手左右分攔，起驚懾、防守的輔助作用；蹬腿起主要的進攻作用。原來蹬腿迅猛有力，勁透腳跟，呼呼有聲，後來才改為緩緩蹬出，使之與整套的動作相協調。

為了使讀者對原來的練法有所瞭解，並有更多的選擇，茲將原拗式單擺蓮練法介紹如下：

自左穿掌後，身體漸右轉，左胯內旋裏收，左足尖裏扣踏實，重心漸全部移於左腿。同時，左臂屈肘右移，掌心朝裏，右掌仍在左腋下。身體繼續右轉，右腳自左向右上方弧形外擺，膝部自然微屈，高不過肩，足背稍側向右邊。同時，左掌自上向右、向左，横側迎面拍擊右腳面；右掌經左腋而下，經腹前弧形向右移，右臂外旋，握拳內收於右腰側，拳輪貼腰，拳心朝上。下接進步指襠捶。

其他注釋說明參閱第三十二式轉身蹬腳。

第七十四式　進步指襠捶

譜訣：進步指襠捶下路，著人成拳指敵襠；
　　　攻擊莫忘憂患時，摟膝寸靠占胸膛。

動作過程

1. 左腿漸下蹲，右腳下落懸提。同時，右掌自右弧形向下經腹前左繞，漸變鬆握拳，拳心朝下；左掌外旋隨勢下沉前移，掌心朝右前。眼稍關右拳，即向前平視（圖258）。

2. 腰繼續右轉，右胯外旋，右膝帶動右足外撇，漸向右前（西偏北）邁步，先以腳跟輕著地，隨重心漸移向右腿全腳踏實。同時，右拳隨勢自左向上經胸前向右移，隨

圖 258

圖 259

移外旋，拳心漸翻朝上；左掌內旋，弧形向右前攔，掌心朝右。眼神關顧左掌前攔（圖 259）。

圖 260

3. 身體繼續右轉，重心漸全部移於右腿，左足跟先離地經右踝內側提膝向前（稍偏左）邁出一步。同時，右拳隨勢向右、向後弧形收於右腰側，拳心朝上；左掌自前向右弧形下摟，置於臍前。眼向前平視，眼神關及左掌下摟（圖 260、261、附圖 261）。

圖 261

附圖 261

4. 身體漸左轉，重心漸移向左腿，全腳踏實，弓左腿，蹬右腿，成左弓步。同時，左掌向左經左膝前弧形摟至左膝外側，沉肘坐腕，掌心朝下，掌指向前；右拳內旋向前打出，拳心朝左，拳眼朝上，拳面朝前，高與腹關元穴齊。身體微折腰。眼向前平視，眼神關顧左掌左摟並關及右拳打出（圖262）。

圖 262

技術要領

1. 右腿下落時，左腿須漸漸屈蹲，以左腿的屈蹲下沉，「送」右腿下落，並注意上體正直，以保持身體平衡。手與足的動作也要協調、柔和而均勻。

2. 左腿提膝前邁時右腿要下蹲，要以右腿的「沉」「送」左腿前邁，才能使前邁腿輕靈柔和。當前邁的左腳經右踝內側時，腳尖要有挑起之意，再前邁則足尖須寓前踢之意。左足前進弓出、右腿後蹬、腰胯左轉、左手摟膝和右拳前擊，須同步協調進行。四肢發動，氣行諸外，而內持靜重，氣屯於內，而外現輕和，剛柔互運，陰陽相濟。上下左右前後，相吸相繫相隨。精神團聚，動作緊湊。做到眼到、身到、手到、拳到、步到。神逸體靜，心神內斂，手足開時，心意與之俱開；手足合時，心意與之俱合。內外臻合，渾然無間。

3. 拳諺說：「去時撒手，著人成拳。」指襠捶握緊拳不可過早。握緊拳過早的主要原因是對拳勢的用法不夠理解。右拳的出擊是在左手摟後進行的，所以，握緊拳應在左手已摟、右鬆握拳弧形移至腰間時實施，在此之前是不應握緊拳的。在十字腿後右掌弧形向下經腹前左繞，變鬆握拳，至出擊。「拳」有一個逐步形成的過程，在著人之時成緊拳，拳的出擊才能恰到好處，才能充分顯示拳的威力。

4. 右拳在向前打出之前，注意身體保持正直，隨打出勢上體隨之稍折腰略前俯，仍不可失中正之勢，不可低頭、弓背、彎腰、凸臀。

其他技術要領參見第三十四式進步栽捶。

用　法

接前勢，如敵往回撤手時，我即將右足落下，同時左足前進，屈膝坐實。此時，敵如用右足踢來，我急用左手，將敵右足往左膝外摟開，右手隨即握拳向敵襠部擊去。

注釋說明

進步指襠捶，顧名思義是連續進步以拳直指（擊）敵襠部。楊式 88 式（國家改編套路）中原名「摟膝指襠捶」，是以左右手的動作而命名的。

進步指襠捶是楊式太極拳以捶為名的「五捶」的最後一捶，屬下路出擊之捶。傳統的楊式太極拳，本身就是一種搏擊術，它沒有攻擊部位的限制，攻擊的手法無所不用，對敵的身體而言，它的攻擊是全方位的。但就武德的規範來說，所擊的部位如是危險致命的，應該慎用。

太極拳行拳走架，頭頂項豎，立身中正，氣沉丹田，百骸自然安舒；神定意靜，氣血流注，勁力柔運，身樁端正，立身平準，則自然活似車輪。然指襠捶等打下路的拳，如完全維持正直的上體，一點也不允許彎腰，則變得過於矜持，努氣挺胸，生硬僵直了，客觀上也不允許如此。所以，我們既要堅持「立身中正、中正不偏」的原則，又要有「神自然得中、中正之偏」的靈活。

在保持中定、內勁中正不偏的原則下，個別動作，如栽捶、海底針、指襠捶等，因進擊敵下路的客觀需要，只要保持百會、中極和會陰一氣貫通，上體前俯幅度不大，「中正之偏」還是允許的。

但不能因此而炮製「斜中求正」的理論，任東歪西斜的拳勢在拳路中橫行，這就是沈壽老師所說的「歪斜搖擺賴拳相」「功夫越深，拳架越歪」了，也就是拳諺所說的「點頭哈腰，傳授不高」。

進步指襠捶右拳的打出，有向前、向下或向前略向下打出說，有向前打出說。而李雅軒老師則認為：「此指襠捶是意在擊襠部外腎（即睾丸），但外腎位於襠內下垂者，皆以右拳由下後向前上崩打方順勁易中，如由後上往前下指打，則不相照也。」故其持向前上崩打說，並且否定了向前、向下（包括略向下）打出說。從靜態分析，這個說法應該是正確的。但由於進步前擊，左腿弓，右腿蹬，身法自然落胯下沉，右拳向前打出，實際就能達到「向前上崩打，順勁易中」這一目的，所以三說之中，惟有向前打出說是正確的，不必刻意由下後向前上崩打了，否則反顯彆扭，勁既不易順，亦不易擊中。

或說《各勢白話歌》不是有「指襠捶兒向下打」句嗎？怎麼能說向前、向下打出說不對呢？此歌向下打是指指襠捶的用法是打擊敵下路。《太極拳體用全訣》說的「進步指襠捶下路，摟腿寸靠把襠指」，前句就是向下打的最好注釋，而後句則說明此著法在太極拳掤、捋、擠、按、採、挒、肘、靠、左顧、右盼、定等十三勢中應占一個靠字。即指如我用指襠捶法，手臂被對方採捋住並向下捋帶時，順勢進步用肩頭直奔對方胸部靠擊，同時實施摟腿及指襠捶。《全體大用訣》亦說「指襠捶下靠為鋒」，說的是同一個道理。

進步指襠捶勢，主要有兩個動作，左手的摟及右手的握拳前擊，並連續進兩步。動作要求連貫，上下相隨。特別要定心、靜氣、用意，未動之時，守中氣、絕雜念、蓄眼神、凝耳韻，慎靜而專心致志，心靜意正，心平氣順，心境閑怡，含而不露，淡遠平和，思緒意念不起波瀾，處於一種無思無慮的狀態。既動之後，全神貫注，聚精會神地用意念來指導每一動作的進行，即神為主帥，身為驅使，使體勢神情相銜，形質性靈溶貫。緩緩然，左手弧形摟抹，有太陰之陰柔溫厚；浩浩然，右拳向前打出，有太陽之陽剛雄健；連續進步，左弓腿，右蹬腿，身樁端正，巍巍乎，如崇山雄峙；心動形隨，意發神傳，顯露進步指襠捶的靜穆舒展，莊偉雄沉，氣勢磅礴的特質。

第七十五式　上步攬雀尾

動作過程

圖263

1. 身體直起左轉，左腳尖外撇踏實，重心漸全部移於左腿，右腳提起，經左踝內側向前虛懸於左足前。同時，左掌屈肘自左向上弧形移於左胸前，掌心朝右下；右拳變掌自前向左弧形抄至左前臂下，隨抄外旋，掌心翻至斜朝左上，與左掌相合，兩臂成弧形。眼向前平視，眼神關顧兩掌移動（圖263）。

其餘動作過程同第三式攬雀尾（參見圖8～17）。

譜訣、技術要領、用法、注釋說明同第三式攬雀尾。

第七十六式　單　鞭

譜訣、動作過程、技術要領、用法、注釋說明與第四式單鞭相同（參見圖18～22）。

第七十七式　下　勢

譜訣、動作過程、技術要領、用法、注釋說明與第五十七式下勢相同（參見圖237、238）。

第七十八式　上步七星

譜訣：七星拳手足相顧，挨步逼上下提籠；
饒君手快腳如風，我自有攪沖劈重。

動作過程

1. 隨左掌由左腿內側向前上穿，左腳尖外撇，身體漸起左轉，左腿屈膝前弓，蹬右腿，重心漸前移於左腿。同時，右手微下落，鬆開吊手成掌，掌心朝左（圖264）。

2. 重心繼續前移，左腿屈膝，重心全部落於左腿，身體繼續左轉，右足跟先離地，向前提起虛懸於左踝內側。同時，左掌漸上抄至胸前；右手隨右腿前提，自後向前移至腰前（圖265）。

3. 右腳經左踝內側向前邁出半步，前腳掌輕著地，成右虛步。同時，兩掌繼續前移，在兩臂腕將交叉時握拳，右拳在左拳下側穿出，兩拳向前上掤，高與頦齊，拳眼斜朝裏上。眼向前平視，眼神顧及兩拳交叉前掤（圖266、附圖266）。

技術要領

1. 由下勢的左仆腿起立，要以腰胯帶動。左腳尖外

圖 264

圖 265

圖266

附圖 266

撇，繼而上體平行前移，重心慢慢前置，左腿漸屈弓，然後右腿微蹬，提膝漸起，在左腿屈蹲坐實情況下，向前邁步。起立時，上體要正直，不可借助上體的前俯以提起後面的右腿，尤須注意兩腿不可同時伸直而起。

2. 由下勢接上步七星，下勢不能塌襠坐煞，要意不使斷，勁不使浮，虛不致散，勢勢相承，著著貫串，勁斷意不斷，斷而復連。也就是說由下勢承接上步七星，在形式上似乎有所停頓，其實意識仍在貫注，內勁仍在運轉，前勢後著，以意領身，以身隨意，以身領肢，以肢從身，步動身移，似停非停，意隨形生，形隨意轉，意來氣至，氣至勁放，上下進退連綿綿。

3. 兩拳向前上掤，兩肩不可因兩拳交叉而上聳或鎖住，亦不可揚肘，兩臂呈弧形交叉曲蓄而圓滿，兩手合拳離胸不可過近、過遠、過高、過低，兩拳眼必須斜向裏上。這是因為上步七星勢的主要用法是，敵用右手自上劈下，我以兩拳交叉朝前上掤住。如拳眼向上或向裏，前者無掤勁，後者造成抬肘，既不能鬆肩沉肘，掤勁亦自然不足。兩手合拳過近、過低，頭部易受攻擊，因敵之攻手已及我頭部；過遠則兩臂伸直，掤勁不足，起不了掤的作用；過高則兩脇側門、胸腹正門洞開，暴露於敵，易受攻擊。

此外，兩手握拳時機要恰到好處，不能太早，在兩臂即將交叉時才能成拳，使之符合「去時撒手，著人成拳」的原則。兩拳交叉向前上掤時，要有且掤且打之意，右腳有前踢之意。勁起於足，發於腿，主於腰，斂於脊，布於膊，貫注於兩拳。節節貫串，動短、意遠而勁長，大有一觸即發之勢。

4. 成右虛步時，左腿要穩定，身體不可搖晃、前俯，上體要保持正直，中正不偏；虛實要分清，應以左腿支撐身體的重量，不可用右足掌分擔；腰要沉，襠要圓而虛，要裹襠、吊襠，不可夾襠（尖襠）、蕩襠。兩胯根撐開，兩膝微呈裏扣之意，襠自然能圓。會陰虛虛上提，不使其有下蕩之意，襠自然能虛。襠的虛圓，能使髖骨的骨節撐開，並使髖骨周圍的韌帶撐開撐足，因而增加了伸縮旋轉的靈活性及活動範圍，使下盤輕靈而旋轉無滯，並加強了腿部的承受能力以及彈性的弓勁，從而在技術上達到太極拳名家「觸之則旋轉自如，無不得力」「但依著何處，便以何處擊之」的境界。

用　法

接前勢，設敵用右手自上劈下，我即起身，身體左轉，上步前進，兩手變拳，同時集合交錯做十字形掤住，或以拳直擊敵胸。

注釋說明

上步七星勢，上步後兩拳交錯，下肢成右虛步，從側面看，其頭、肩、肘、手、胯、膝、腳七個出擊點的位置，其形勢布排恰似北斗七星，故名。所以《各勢白話歌》說：「上步就排七星拳。」上步七星在拳術上通稱「七星勢」，亦有簡稱「七星捶」或「七星拳」的。

《太極拳體用全訣》說：「上步七星防上打，掤架之下直拳馳。」《全體大用訣》說：「上步七星架手勢。」說明上步七星的主要作用和十字手類同，都是以封掤防禦為主、攻防結合的式子。所有手法都由十字手衍變而來。「七星」除了頭不可亂動亂用外，肩可以靠，肘可以頂，手可以擊，胯可以靠，膝可以撞，腳可以踢。所以凡交手，必須眼顧「七星」，對敵之「七星」嚴加防範，以免為敵所乘。

戚繼光《拳經》第五式「七星拳」訣曰：「七星拳手足相顧，挨步逼上下提籠，饒君手快腳如風，我自有攬冲劈重。」此訣其實是對上步七星勢的最好注釋說明，也是此勢的最好譜訣。故仍借重保留之。

第七十九式　退步跨虎

譜訣：退步跨虎閃正中，左挒右黏敵落空；
虛步寓踢勢騰挪，以走制敵顯神通。

動作過程

1. 右腳隨勢經左踝內側朝右後方撤一步，腳尖著地。眼向前平視，眼神關顧兩拳（圖 267）。

2. 身體先右轉約 70°，再向左轉回（朝東），重心後移，隨重心全部移於右腿全掌踏實，左腳略提起，基本於原地落下，足尖輕點地，成左虛步。同時，兩拳左右分開變掌，兩臂稍向下鬆沉，隨轉體勢右掌弧形略往下，隨即手背向外略往上移至右胸前；左掌弧形移於右臂肘彎處，掌心朝右下。然後兩掌繼續左右分開，右掌內旋隨轉體勢

圖 267

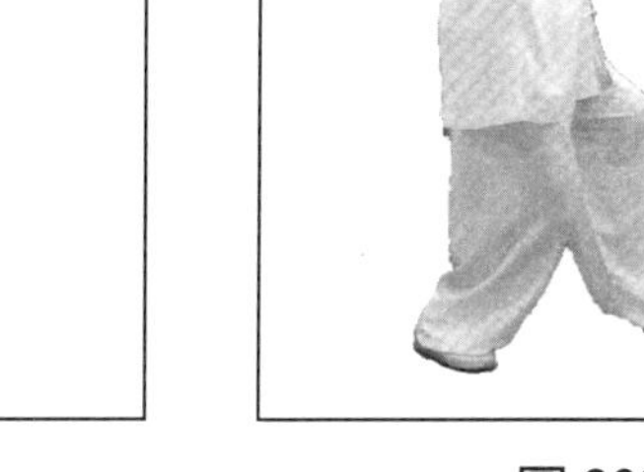

圖 268

由前向下、向右、向上畫弧，掌心翻朝右前方，手指斜朝上，置於身體側上方，略高於頭；左掌自前向下、向左弧形落於左胯旁，掌心朝下，掌指朝前。眼神先關顧右掌向右畫弧，通過右肘關節向右前看，隨後關及右掌上提，左掌下挒，最後向前平視（圖 268）。

技術要領

1. 向後撤步須走弧形，並要注意右腳的落點，務使兩腳保持肩寬之距，不要踏在一條線上而造成「疊步」。「疊步」重心就會不穩，遇敵襲我側翼，就不免有傾跌之虞。向後撤步也是一種「以走制敵」的方法，即拳論所說的「時而宜退，即以退，退以鼓其進」。敵以雙按攻擊，一時難以借力發放，那就以退為進，以迂為直，向斜撤步閃身，用柔韌的走勁牽引對方的剛勁向我身側引化，改變對方的勁力方向，使其直來的按力落空，達到以柔克剛的目的。而不能用消極的直退法來解決，這樣既不能改變敵直前而來的按力方向，亦犯了頂或丟的毛病，勢必使自己處於被動。

拳訣說：「得橫即得勢，得實即得機。」機勢皆得，有了有利的形勢，為後著創造了有利的反擊機會，則有了成功取勝的把握。所以，在退步斜閃（化）之後，右腿要屈膝坐實，腰胯下沉，這樣才能使下盤穩固，機勢並得，並要在放鬆的基礎上注意上體正直。

不要為直而直，硬往上挺拔，也不要為沉而沉，硬往下壓，以致影響腰部的樞紐作用和腰部旋轉的靈活性，同樣也影響了勁力的完整、專注一方。

戚繼光《拳經三十二勢》歌訣曰：「跨虎勢那移發腳，要腿去不使他知，左右根掃一連施，失手剪刀分易。」說明退步閃身時要步隨身換，步法虛實的轉換必須透過身法的轉換來實現。腰部動作藉由左右腰隙交替轉換來分虛實，下於兩腿相隨，這樣才能使退步虛實分明，穩健而輕盈。

2. 兩手向左右分開要同時進行，分開不宜過快，開始時分開幅度較小，轉腰撤步時，左手尚在右臂肘彎處，待對方按力動搖，我兩手進一步分開。兩手的分開亦不宜過早，過早就不能充分運用腰力。對於對方直前而來的按力，光用兩手上下硬分是有困難的。應該先轉腰胯退步，引進閃化，改變對方的勁力方向，使其直來的按力落空，然後以我兩腕黏對手兩腕裏側左右分之，方見引進落空之妙。此外，應注意分時不能離身體過近，兩手上下距離不能過小。否則不足以使對手全身之力落空，而且還容易為敵所乘，借我勢隨機進攻。

3. 要「一動無有不動」，轉腰撤步、分手要一起協調動作，上下相隨，不先不後。撤步成虛步時，虛非全然無力，氣勢要有騰挪，有隨時起踢之意。右腿坐實，非全然占煞，重心不上下波動，在左虛腿與右胸側有相吸相繫之勢，使虛腿不致偏浮。精神貫注，緊要全在胸中、腰間變化。心意帥率，百骸協調運動，內則一心，外則一身，動靜在心，分合在形，起承轉合，始而意動，既而勁動，轉接一氣串成。

用　法

接前勢，敵用雙手按來，我即將兩手腕黏敵兩腕裏側，左手往左下採挒，右手往右上黏起。順勢退步成跨虎形閃其來勢，使敵全身之力皆落空，此時敵雖生猛如虎，亦受我制。左虛腿亦可伺機隨時起踢。

注釋說明

退步跨虎勢，轉腰撤步，兩手雙分，其轉身退步的形象酷似跨上虎背，故名。在拳術上通稱「跨虎勢」。此勢外形似白鶴亮翅，但兩手分開要比白鶴亮翅展開得多，腰胯下沉亦相對較低。此外，左手在白鶴亮翅中只有分摟採按之勁，而本勢又含挒勁，右手在白鶴亮翅中只有提掤格截之勁，而本勢又含黏勁。這是區別之所在。

《各勢白話歌》說「收身退步拉跨虎」，《全體大用訣》說「退步跨虎閃正中」，《太極拳體用全訣》說「退步跨虎閃正中，如虎勁敵受扼制」。都說明此勢演練的關鍵在於拉轉腰胯，由弧形撤步後退，將正中點閃開，以引化改變敵來勁的方向，使其全身之力落空，扼制敵的來勢，並乘隙伺機進攻。退步跨虎勢在十三勢中占一個「退」字訣，以退為守，以退為攻，以退為進，虛退實進，是一種「以走制敵」的方法。但走也好，退也罷，一定要恰到好處。拳訣說：「斜退得橫，直退易潰。」所以退一定要弧形向斜後撤而不可以直退，以免為敵所乘，長驅直入。即是拳訣所說的「勝在進步占勢，不敗在退步避鋒。」

第八十式　轉身擺蓮

譜訣：前後應敵括掃連，轉身又打雙擺蓮；
若要擺腿顯神奇，疾如旋風莫忘捋。

動作過程

1. 右腿微沉，腰微右轉，再微向左轉（朝東）。同時，右掌隨勢自上微向右弧形向下經胸前推出，掌心斜朝前下，掌指斜朝上；左掌隨勢自左胯旁弧形上舉至左額前，掌心朝前，掌指斜朝上。眼關及兩手移動，即向前平視（圖 269）。

2. 以右腳掌為軸，身體略下沉，右腿微屈蹲，腰胯鬆開，向右後碾步轉體。同時，兩掌隨勢向右後轉移，右掌

圖 269

圖 270

漸上移，高與肩齊；左掌漸下移，高與胸平。眼隨轉體向前平視轉移（圖 270）。

3. 隨轉體勢，左腳略蹬地而起，左腿展開向右後擺至左前（西北）斜方向，足尖裏扣落地，隨重心漸移至左腿全腳踏實，足尖朝東北偏北，身體繼續右轉至面朝東，左腿屈膝坐實，右腳隨勢以前腳掌碾轉，腳掌輕著地。同時，兩掌隨轉體勢向右平移至體前右斜方，右手與肩平，左掌移於右肘內側，略低於右肘。眼隨轉體平視轉移，眼神關顧兩掌右移（圖 271、272）。

4. 腰微左轉，右腿向左提起，隨即自左向右轉腰並隨勢自左向上、向右弧形外擺，膝部自然微屈，腳高不過肩，腳背略側朝右面。同時，兩掌左略先、右稍後，自右向左迎擊右腳面。身體繼續右轉，兩手隨勢擺至左前斜

圖 271

圖 272

圖 273

圖 274

方，朝北偏東。眼神關顧兩掌拍擊右腳面，隨即向前平視（圖 273、274）。

技術要領

1. 轉身擺蓮是360°大轉身後，用腳背緣擺踢敵人，其關鍵就在於轉和擺，轉得穩健，就擺踢得圓轉有勁。旋轉時要立如平準，活如車輪，上體要保持中正，不可搖晃或前俯。正如楊氏老譜《身形腰頂》訣所說：「身形腰頂豈可無，缺一何必費功夫。腰頂窮研生不已，身形順我自伸舒。捨此真理終何極，十年數載亦糊塗。」

所以，演練本勢首先要吊頂，即虛領頂勁，以提挈全身之綱領；其次是鬆腰，使腰既鬆柔，又要像纛那樣直豎；再就是落胯、尾閭中正、斂臀吊襠、含胸拔背等身法要求。務求綱舉目張，身形順舒，像快速旋轉的陀螺那樣穩定地圓轉。轉動時以腰胯為動源，以腰作為上下肢轉動的樞紐，以右腳掌為軸，先轉腰胯，然後腰力、膝節、肩臂協力右轉，左腿隨勢向右後擺，做到楊澄甫在《太極拳術十要》中所說的那樣「手動、腰動、足動、眼神亦隨之而動」。如此，才能轉得圓活輕靈而緊湊，亦避免了上下不相隨及散亂的毛病。

2. 旋轉時要注意身法的下沉，這樣既能降低重心，使旋轉更為穩健，又能充分發揮襠胯之勁，為兩掌的捋挒、左腿的擺踢打下牢固根基，不致使發勁飄浮無力，勁力分散。

3. 旋轉時，兩手的高低隨之變動而不可突變，以免造成斷續。要意牽勁連，兩手隨腰胯旋轉，左手由高漸變低，右手由低漸變高，兩臂圓轉，圓潤無滯。

4. 此勢的「擺蓮」雖僅指右腿自左向上、向右外擺，以腳背緣擺踢敵人，但實有雙擺，另一擺是左腿展開，隨轉體向右後擺。若無此左腿向右後擺的助勢，則右腿的擺踢絕無可能有「腳過似疾風擺蕩蓮葉，所謂柔腰百折若無骨，撒手滿身都是手」這種境界和效果。所以，要使右擺腿有旋風之勢，必須先做好轉腰左擺腿。

首先左擺腿的方向要正確，為西北角。如左腿擺轉過多，落地超過西北方向，造成右腿擺踢方向越超東南，就用法上說，左腿落地已過於接近正面（東）對手，致使右腿難以擺踢，擺踢也就失去威力；如左腿擺轉不足，則左腿落點在西面，造成右腿擺踢方向為東北，就用法上說，左腿落地已過於偏離敵手，致使右擺腿無法觸及正面（東）對手，擺踢也就失去了作用。

其次，左腿展開向右後擺動的路線要長，要隨腰旋轉擺動。腰一轉向西面，左腿隨勢擺轉，足尖內扣落地，右腿即變虛提起，以旋風之勢擺踢，虛實分明，這樣右腿單獨支撐的時間不長，身法也較穩定，右腿擺踢的勁力也就大了。加上左腿擺轉掃刮，右腿擺踢掃蕩，著著貫串，相連不斷，中間幾乎沒有停頓，就不致產生舊力已盡，新力未生這種情況，敵也就難有所乘。

此外，左腿擺轉，右腿自左向上、向右擺踢，用的是橫勁。除須以腰的轉動來帶動右腿擺動外，右腿擺踢的弧度不宜過大，過大動作易散，所花費的時間就長，踢到正面之敵的機會就相應減少，不符合實際的用法要求。右腿擺踢的高度也不宜過肩，同時右腿不要挺直，要微屈，這樣就能充分運用腰部力量，達到橫勁的要求，而且所發出的右腳背勁力也更大。反之，右腿伸直，擺踢的高度超過肩部，則勢必強化了胯部力量的運用，而弱化了腰部的力量，也就無法達到橫勁的要求，「擺」擊就大打折扣而不成其為橫擺，變為高踢了，從而失去了「擺蓮」的意義。

5.右腿自左向上、向右擺踢，兩掌應該是腳擊手、手擊腳，手足互相迎擊，而又以腳為主、手為輔，顯示腿的橫勁擺擊疾如旋風的特點。同時注意手足迎擊要輕輕地拍打，要鬆靜自然，不必刻意劈啪作聲，拍得很響。因為拍打只是一個形式，動作的實質是雙手向左下捋挒敵臂，右腿自左向右橫向擺踢敵胸脇脅。刻意劈啪作聲並無實際意義，反而使動作停頓，勁力中斷。

用　法

接前勢，如前有敵，而又有敵自身後用右手打來，我即以右腳為軸，左腳懸起展開，隨勢向右後方旋轉，同時以手足向敵上下部掃刮。待轉至原位時，黏住敵右腕，隨繞其腕裏，往左捋挒抽回，同時急用右腳背，以橫勁擺踢敵胸脇部。

注釋說明

360°大轉身後，以腳背緣擺踢敵人，柔腰百折若無骨，撒去滿身都是手，腳過似疾風擺蕩蓮葉，故名「轉身擺蓮」。又名「擺蓮腳」或「擺蓮腿」，簡稱「擺蓮」。「擺蓮」是武術中的通用名稱，有單、雙之分。第七十三式十字腿，早年楊澄甫練此勢時就是「單擺蓮」，即以左掌單掌橫側仰著拍擊右腳面，形成拗步「單擺蓮」。而本勢是左腿先行擺轉後，右腿自左向上、向右以橫勁擺踢，雙手左掌稍先、右掌略後迎著拍擊腳背，故又名「轉身雙擺蓮」，簡稱「雙擺蓮」。其轉身時兩手上刮、左腿下掃，意含掃腿，當源於外功拳的「掃蹚腿」，只是至今僅留有演變前的某些痕跡罷了。左腿掃蹚之後，右腿即起以橫勁擺踢，使敵上下受攻而難以招架。

《太極拳體用全訣》說：「轉身擺蓮帶刮掃，前後應敵旋風勢。」充分說明了轉身擺蓮勢依靠上下刮掃的技法，以旋風之勢應擊前後夾擊之敵。《全體大用訣》說：「轉身擺蓮護腿進」，說明應用擺腿時的注意點，即如前有敵，而又有敵自身後用右手打來，我擺腿之前須黏住敵右腕，隨繞其腕裏，往左捋帶挒開，方可掩護起右腿橫勁擺擊，以免被敵撈住我之擺腿。

因動作有「疾似旋風擺蓮」的要求，故練來易於剛勁外露，剛勁有餘而柔勁不足，右腿硬擺猛踢，拍腳劈啪聲響，故作威猛，終而有違於《太極下乘武事解》關於「太極之武事，外操柔軟，內含堅剛，而求柔軟。柔軟之於外，久而久之，自得內之堅剛，非有心之堅剛，實有心之柔軟也。所難者，內要含蓄堅剛而不施，外終柔軟而迎敵，以柔軟而應堅剛，使堅剛盡化無有矣」的論說。亦有違於陳長興在《太極拳十大要論·剛柔第十》中「然剛柔既分，而發用亦自有別。四肢發動，氣行諸外而內持靜重，剛勢也；氣屯於內而外現輕和，柔勢也。用剛不可無柔，無柔則環繞不速；用柔不可無剛，無剛則催逼不捷。剛柔相濟，則沾、游、連、隨、騰、閃、折、空、掤、捋、擠、按，無不得其自然矣！剛柔不可偏用，用武豈可忽耶」的關於剛柔的論說。

陳鑫說：「運動之功久，則化剛為柔，練柔為剛，剛柔得中，方見陰陽，故此拳不可以剛名，亦不以柔名，直以太極之無名名之。」「太極者，剛柔兼至，而渾於無跡之謂也。」楊澄甫老師說：「太極拳，乃柔中寓剛，棉裏藏針之藝術。」所以，傅鍾文、沈壽、趙安洲三位老師平時演練擺腿時疾如旋風擺蓮，雖迅捷而作聲輕微。有時乾脆不作聲，行若微風拂蓮，徐徐而來，緩緩而至。全憑情性神意演繹，不慍不火，溫文爾雅，其神情韻味真正顯示了「柔腰百折若無骨，撒去滿身皆身手」的太極虛無境界，因而也就更切合於拳論。

第八十一式　彎弓射虎

譜訣：彎弓射虎挑打胸，懷抱雙拳似開弓；
拳打四角合內動，連環捶擊誰爭鋒。

動作過程

1. 身體隨擺腿繼續左轉後微右轉，左腿漸下蹲坐實，右腳向東南方向下落，足跟輕著地。同時，兩掌弧形右移，左掌心仍朝下，右掌外旋，掌心翻朝左。眼神關顧兩掌右移（圖 275）。

2. 身體繼續右轉。同時，兩掌漸鬆握拳，隨轉體自左

圖 275

圖 276

向下經腹前向右弧形上繞，左拳由胸前弧形往右上，拳眼朝上；右拳由右肩弧形向上繞，隨繞內旋，拳心斜朝上。眼神關顧兩拳上繞（圖 276）。

3. 身體左轉面向東北，重心漸移向右腿全腳踏實，弓右腿，蹬左腿，成右弓步。同時，右拳經右耳側，左拳經胸前，向左斜前方（東北）打出，右拳置於右額處，高與額平，拳眼斜朝下，左拳高與胸齊，兩拳眼相對應。眼向左前斜方平視，並關及左拳打出（圖 277、附圖 277）。

技術要領

1. 本勢腰先左轉，後右轉，再左轉，都要做到四肢隨腰內外合，處處圓滿任自然和掌、腕、肘、肩、背、腰、胯、膝、腳，上下九節勁，節節腰中發。兩腿的虛實變

圖 277

附圖 277

換、兩臂的纏繞運轉都必須和腰的左旋右轉以及襠勁的下沉協調一致。

2. 轉身擺蓮後右腿應邁向右前東南方，這是因為轉身擺蓮後敵往回撤身，我即將左右手隨敵手黏去，如我邁向右側，則犯了「丟」的毛病，如我向右前邁步，則不頂不丟，達到了沾黏連隨的要求。黏依能跟得靈，方見落空之妙。這樣退可以左捋引進使其落空，進可以捶擊連隨合即出。

3. 右腿擺蓮後下落不能太快。要加強左腿力量的鍛鍊，演練時，在穩定重心的情況下，以左腿的緩緩下蹲，「送」右腿輕輕地下落和邁出。同時適度控制擺蓮時手足相迎擊的力度及右腿的擺幅，做到落地輕盈，邁步如貓行。

4. 邁步後出拳要注意不可聳肩揚肘，聳肩揚肘亦使手臂伸縮轉纏不能鬆柔圓活，易被人所制，於健康也是有百害而無一利。

出拳時，右拳高不過頭，左拳高不過肩，左拳是直前擊出，用的是正拳，所以拳眼向上而略斜，右拳在右額前，用的是反拳，所以拳眼斜向下，兩者互相呼應。凡演練者，兩拳眼向上或兩拳心向下都不對，原因是違反了本勢用拳的原理。

兩手握拳的時間要恰到好處，即前所說的「去時撒手，著人成拳」。握拳不宜緊實，外形似緊非緊，內則大鬆，以鬆柔為好。但雖為鬆握，卻仍須有團聚之意，使之有分之不開、擊之不散的作用。

出拳時，身體切不可前俯。楊式太極拳講究立身須中正安舒，視「立身中正」為身法的第一要素，這是因為「立身中正」是人體運動時下盤穩固的基本條件。如身體前俯，則在拳術運動中難以穩定，易為人牽動，即使不傾跌倒地，也無法克敵制勝。所以沈壽《常山蛇陣訣》說：「不偏一隅藝始高。」

5. 自轉身擺蓮起轉接本勢，隨腰先左轉，後右轉，復左轉，注意做到拳打四角。即自西北（偏北）打至西南（偏南），再打至東南，最終打至東北斜方，眼神隨拳轉換。起承轉合，心牽意連，綿綿不斷，做到意到、眼到、身到、手到、步到，動則一動俱動，到則一齊都到，上下協調相隨，齊起齊止。

用 法

由前勢，設敵往回撤手，我即將左右手隨敵手黏去，復繞敵手腕間，向右側旋轉，兩手握拳從右隅角順其抽回之勢擊去，左拳擊其右肘部，右拳擊其胸部，如成彎弓射虎之勢。

注釋說明

彎弓射虎勢，兩臂圓撐，兩手握拳，左手握正拳，右手握反拳，呈反手開弓狀，酷似獵手彎弓射虎，故名。武式除「彎弓射虎」外另加「雙抱捶」，孫式作「雙撞捶」。

《全體大用訣》說的「彎弓射虎挑打胸」，說明了本勢的用法，如敵以右手攻擊，我用左臂將其挑起，同時進步以右拳直擊之。

《太極拳體用全訣》說：「彎弓射虎如發矢，沉勁蓄氣雙拳使。」《各勢白話歌》說：「彎弓射虎項朝前。」又說：「懷抱雙捶誰敢進，走遍天下無人攔。」則說明了彎弓射虎勢的威力及使著時的注意事項。即「項朝前」「沉勁蓄氣」及兩拳相合。項者頸也，項朝前則項順，則眼平視；眼平則心平，則氣順。

正如傅鍾文老師所說：「雖說眼為平視，眼神隨兩拳轉換，但實際上眼應略向前上遠視，因為『虎在山坡上呀』。這樣精神才提得起，形象神情皆更合彎弓射虎。」此乃經驗之談。

圖 278

圖 279

第八十二式　進步搬攔捶

動作過程

1. 身體漸左轉，重心漸移於左腿。同時，左拳變掌，外旋向左後弧形下移，掌心翻朝上；右拳外旋向前弧形下落於左掌前上方，拳心斜朝下，高與胸齊（圖 278）。

2. 重心漸全部移於左腿，右腿向前提起。同時，右手下移經小腹前向左繞，拳心轉朝下，復向前向上稍繞，拳眼朝裏上，拳心朝裏下；左掌向左、向上畫弧，隨畫弧微內旋豎掌，掌心斜朝右，高不過耳。眼神關顧右拳即向前平視（圖 279）。

其餘動作過程同第十二式進步搬攔捶（參見圖 55～

58）。

譜訣、技術要領、用法及注釋說明同十二式進步搬攔捶。

第八十三式　如封似閉

譜訣、動作過程、技術要領、用法及注釋說明與第十三式如封似閉相同（參見圖 59～62）。

第八十四式　十字手

譜訣、動作過程、技術要領、用法及注釋說明與第十四式十字手相同（參見圖 63～66）。

第八十五式　收　勢

譜訣：大道全憑靜中得，
陽動以渾陰靜成；
法法經必有化無，
神氣相抱歸天根。

圖 280

動作過程

1. 兩臂前伸，隨伸內旋，兩掌心朝下，左手在上，右手在下，略成十字交叉（圖 280）。

2. 兩臂繼續分開，兩手距離同肩寬，隨即兩肘下沉，自

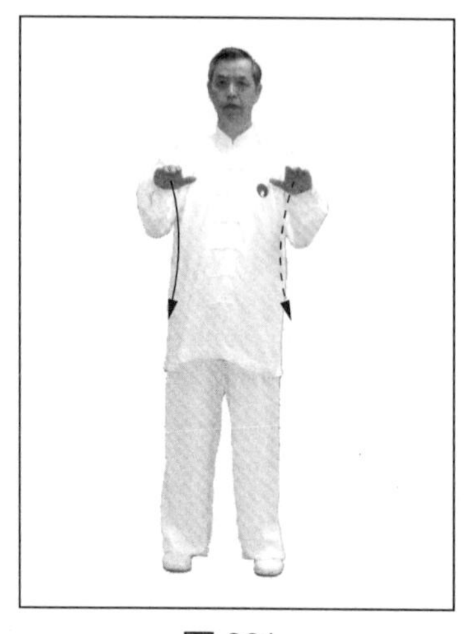

圖 281

圖 282

然帶動兩掌漸漸向下按至胯旁，掌心仍朝前下。眼向前平視（圖 281、282）。

3. 最後兩肩與兩手指自然下垂，分垂兩腿外側，凝神靜息，歸於無極勢（圖 283）。

圖 283

技術要領

1. 此勢是楊式太極拳終了之勢，收勢仍要回歸原處，即預備勢、起勢在那裏，一套拳練完，收勢仍須回到那裏，方向要正，站立位置要對。

2. 參閱第一式預備勢及第二式起勢。

注釋說明

收勢，如《體用大全訣》說的「太極合手勢完成」，即套路結束時的收拳還原勢。故 88 式太極拳作「收勢還原」，吳式作「合太極」，楊式亦有稱「合太極」的。

陽動以渾，陰靜以成，有物渾成，太極也。動之則分，分陰陽也；靜之則合，合太極也。合太極者，合兩儀、四象、八卦、六十四卦。由動歸靜，知止有定，收斂心意氣息全歸於根；凝神固精，定心靜息，而復歸於無極穆穆皇皇之渾沌景象。太極之學，本尚自然，師法自然，始亦自然，終亦自然，始終自然，是為太極拳道。

老子曰：「歸根曰靜，是謂復命。」能夠靜到極點，「致虛極，守靜篤」，才能找到生命的根源，回歸生命的根本。所以，傅鍾文老師說：「太極收勢是很重要的，行拳走架好比種稻穀，『收勢』是收穫的時候，千忌馬虎，草草了事，要定心靜意，注意『顆粒還倉』。」此乃金玉良言也。

無為自然，是太極修練的基本原則。太極拳道本無生有，故乃有必歸於無，方不失天道之和，合於自然而成其大道。

四、楊式太極拳路線圖說明

1. 本圖大致標出整套拳式所進行的路線和方向，可能與圖解裏的個別拳式的立身方向有大同小異的地方。

2. 拳式從右到左和從左返右大都是在一條路線上來回進行的，但出圖時無法把上述情況標示出來，只能上下錯位拉開。故此圖只表示拳勢左右位置的大致變化，前後位置基本不變。

3. 在長方格內橫寫名稱者，如[雲手]是標示該式向南；直寫名稱者如[左摟膝拗步]是標示該式向東，其餘可根據路線圖類推。

4. 兩方格相連接，如[　][　]以及兩方格有一角相連接者都表示後一式是在前一式的原位進行的；後一式在前一式的原位內略有移動者，則以[　][　]形式表示。

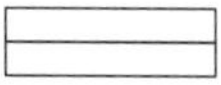

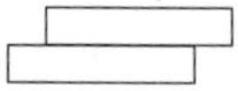

5. 拳式進行方向，除兩方格相連接外，都用弧線標示。

6. 兩方格間有空檔者是標示後一式要上步，上步大小按圖解說明。

7. 收勢應與起勢在同一位置上，「倒攆猴」「野馬分鬃」可做三個或五個（單數），「雲手」的個數與之協調。

五、第一節動作路線示意圖

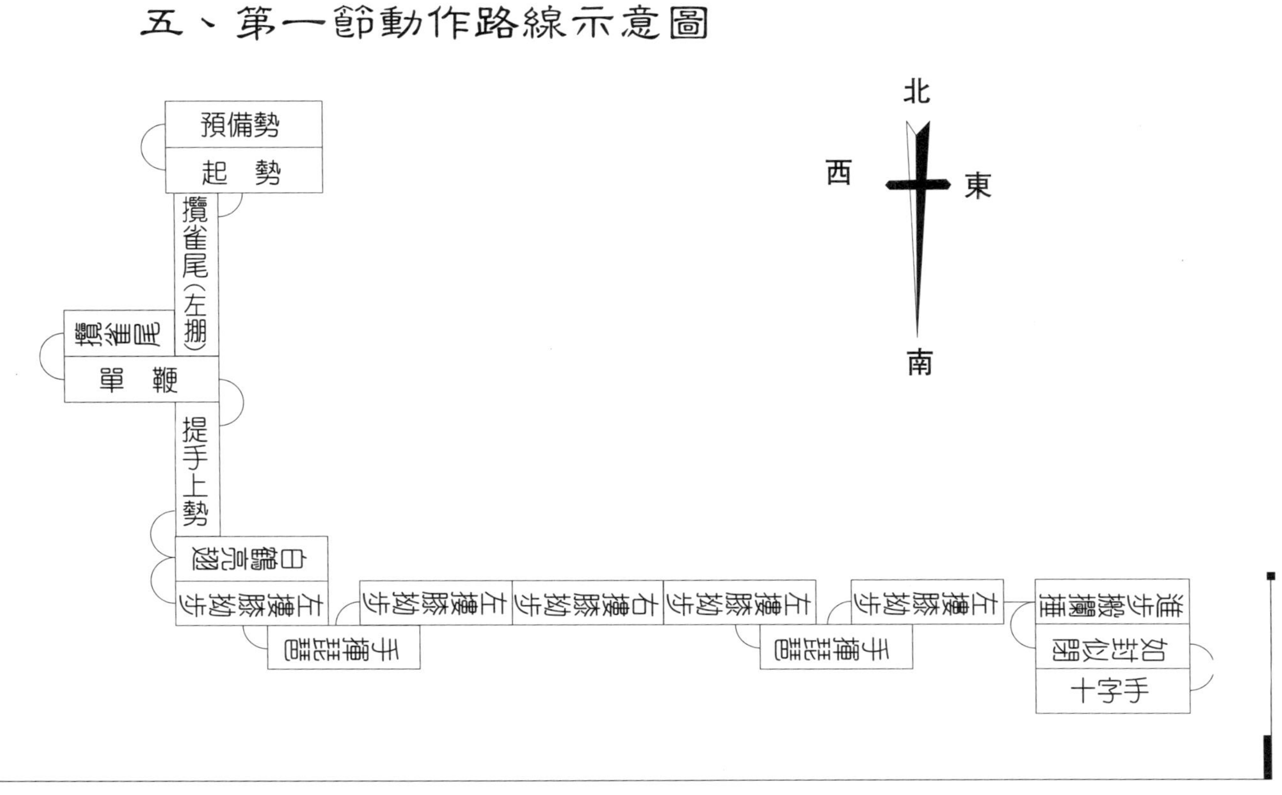

六、第二節動作路線示意圖

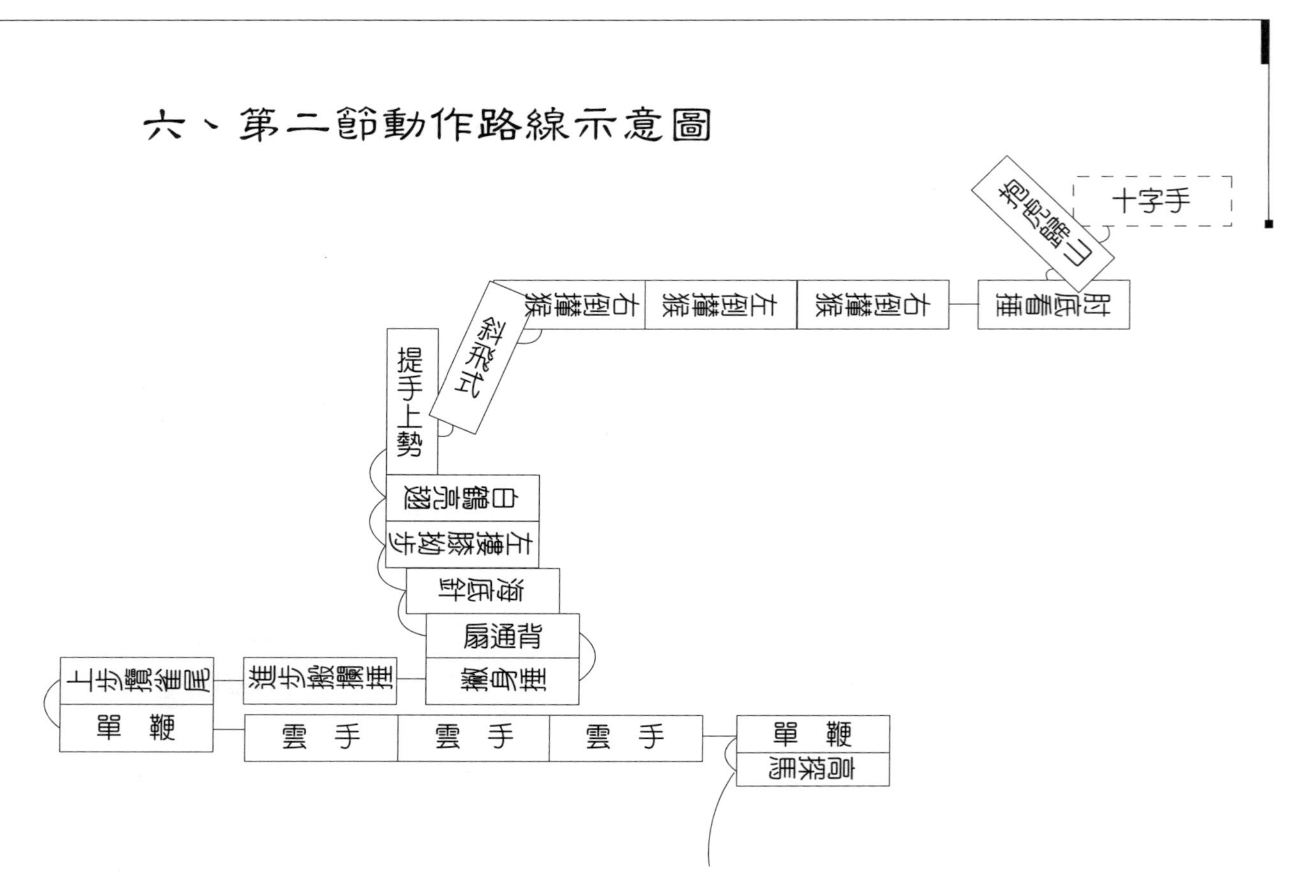

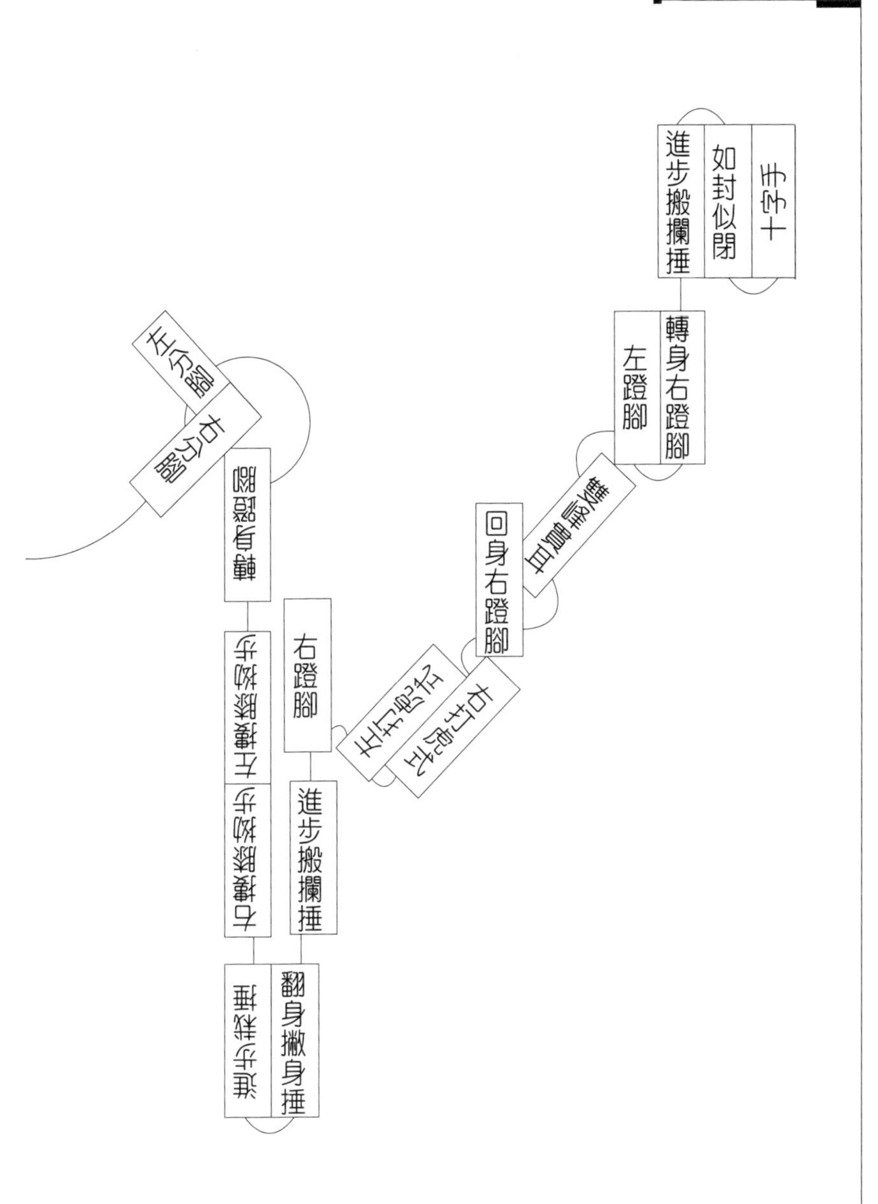
左分腳
右分腳
轉身蹬腳
左摟膝拗步
右摟膝拗步
進步栽捶
翻身撇身捶
進步搬攔捶
右蹬腳
左打虎式
右打虎式
回身右蹬腳
雙峰貫耳
左蹬腳
轉身右蹬腳
進步搬攔捶
如封似閉
十字手

七、第三節動作路線示意圖

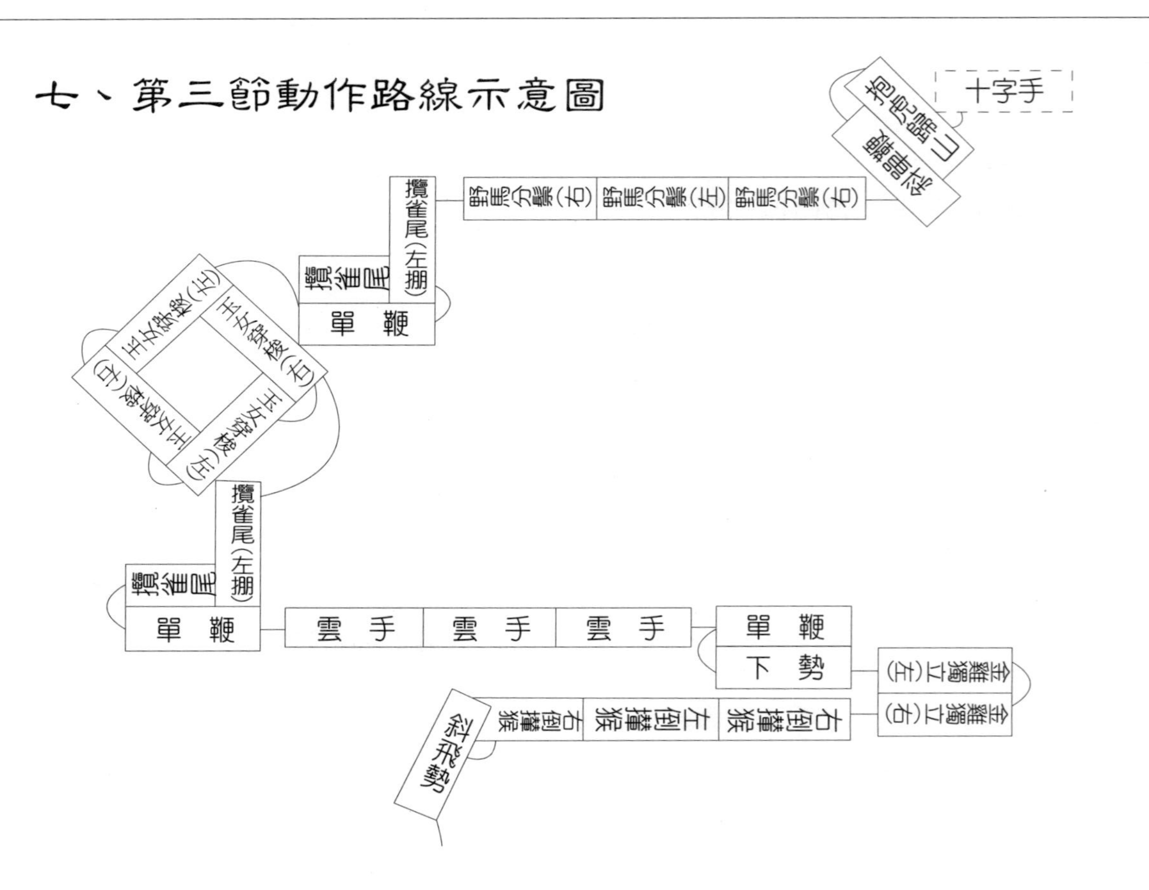

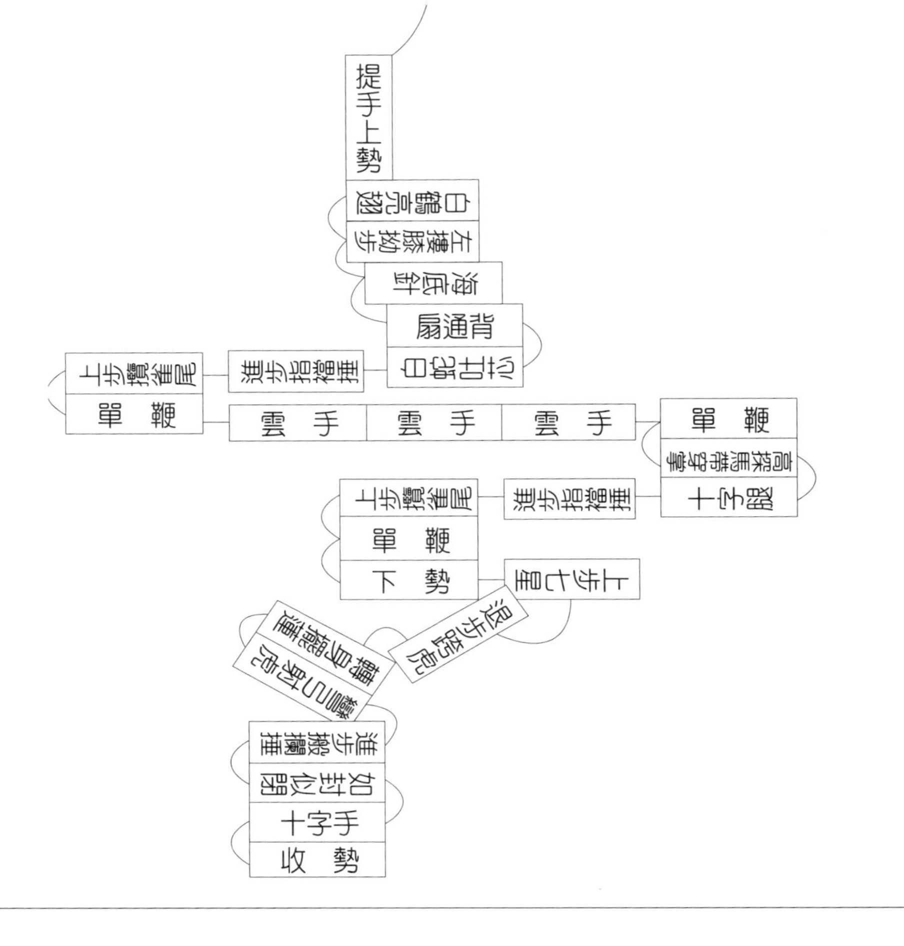

提手上勢
白鶴亮翅
左摟膝拗步
海底針
扇通背
撇身捶
進步搬攔捶
上步攬雀尾
單鞭
雲手
雲手
雲手
單鞭
高探馬帶穿掌
十字腿
進步指襠捶
上步攬雀尾
單鞭
下勢
上步七星
退步跨虎
轉身擺蓮
彎弓射虎
進步搬攔捶
如封似閉
十字手
收勢

國家圖書館出版品預行編目資料

楊式太極拳詮釋〈練習篇〉／王志遠　編著
——初版，——臺北市，大展，2006〔民 95〕
面；21 公分，——（武術特輯；86）
ISBN　978-957-468-485-4（平裝）
1. 太極拳
528.972　　95013995

楊式太極拳詮釋〈練習篇〉

ISBN—13：978-957-468-485-4
ISBN—10：957-468-485-7

編　　著／王 志 遠
責任編輯／李 彩 玲
發 行 人／蔡 森 明
出 版 者／大展出版社有限公司
社　　址／台北市北投區（石牌）致遠一路 2 段 12 巷 1 號
電　　話／（02）28236031・28236033・28233123
傳　　眞／（02）28272069
郵政劃撥／01669551
網　　址／www.dah-jaan.com.tw
E－mail／service@dah-jaan.com.tw
登 記 證／局版臺業字第 2171 號
承 印 者／高星印刷品行
裝　　訂／建鑫印刷裝訂有限公司
排 版 者／弘益電腦排版有限公司
授 權 者／北京人民體育出版社
初版 1 刷／2006 年（民 95 年）10 月

定　價／280 元

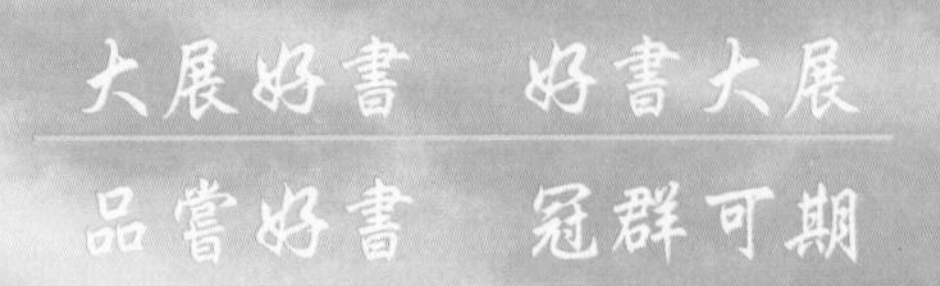
大展好書　好書大展
品嘗好書　冠群可期